Kommunikation und Rhetorik

auf der Führungsetage

Dank an:

Herrn Dr. Christian Abegglen für die Bereitschaft, dieses Buch zu verlegen.

Frau Inga Buchinger für den gewonnenen Kampf gegen den Computer.

Wolf Buchinger

Kommunikation und Rhetorik auf der Führungsetage

ST. GALLER
BUSINESS BOOKS & TOOLS
GENERAL MANAGEMENT SERIES

Die Deutsche Bibliothek - CIP-Einheitsaufnahme

Kommunikation und Rhetorik
Kommunikation und Rhetorik auf der Führungsetage von Wolf Buchinger,
St.Gallen: Verein Business Books & Tools St.Gallen; St.Gallen 2002
(Edition General Management Series)
ISBN 3-905379-06-6

http://www.sgbbt.com
E-mail: info@sgbbt.com

Höchste inhaltliche und technische Qualität unserer Produkte ist unser Ziel. Bei der Produktion und Verbreitung unserer Werke wollen wir die Umwelt schonen. Dieses Buch ist deshalb auf säurefreiem und chlorfrei gebleichtem Papier gedruckt. Die Einschweißfolie besteht aus Polyäthylen und damit aus organischen Grundstoffen, die weder bei der Herstellung noch bei der Verbrennung Schadstoffe freisetzen.

Druck und Buchbinder: Rosch-Buch, D-Scheßlitz
Printed in Germany

ISBN 3-905379-06-6

Wolf Buchinger

Kommunikation und Rhetorik

auf der Führungsetage

Wichtiges.Wiederholung.Weiterführung

- **das Buch**
- **das Werkzeug**
- **die direkte Kommunikation**

Bebilderung: Gregor Müller

Zwischentexte: „Knackpunkte" des Autors

Geleitwort

Ungeachtet gut funktionierender Führungssysteme und sowie den zunehmend verbesserten elektronischen Kommunikations- und Präsentationsmöglichkeiten erkennen immer mehr Führungspersönlichkeiten, dass letztlich nur persönliche und zwischenmenschliche Faktoren nachhaltigen Managementerfolg bewirken.
Ausschliesslich fachliche, betriebswirtschaftliche und technologische Kompetenzen genügen „auf der Führungsetage" bei weitem nicht, sondern sind mit umfassendem rhetorischen und kommunikativen Fähigkeiten zu ergänzen.
Dieser Erfolgsfaktor „Rhetorik und Kommunikation" bedeutet, dass Führungskräfte von heute ihr Umfeld ständig vom eigenen Können zu überzeugen haben; sie müssen die Begeisterung über ihre Aufgaben auf andere übertragen; das Mass ihrer Ausstrahlungskraft und ihrer kommunikativen Wirkung entscheidet letztlich über das Gelingen schwieriger Vorhaben und notwendiger Veränderungsprozesse.
Zu Meisterschaft in diesem Erfolgsfaktor „Rhetorik und Kommunikation" gelangt, wer über profunde Kenntnisse der eigenen rhetorischen Stärken und Schwächen verfügt, wer aus dem Erfahrungsschatz von Rhetorik- und Kommunikationsprofis schöpft und ständig seine eigene rhetorische Wirkung reflektiert. Dies setzt ein umfassendes Training mit konkreter Anwendung voraus. Vorliegendes Buch, welches sich an ausgewählte Rhetorikseminare der St. Galler Business School (www.sgbs.com) anlehnt, soll hierzu einen praxisorientierten Beitrag leisten.

St. Gallen, im Herbst 2002

Dr. C. Abegglen, Präsident Forschungsverbund Business Books & Tools St. Gallen

Ein Unternehmen ohne Kommunikation ist wie Venedig ohne Kanäle.

Dank an:

Herrn Dr. Christian Abegglen für die Bereitschaft, dieses Buch zu verlegen.

Herrn Gregor Müller für die Bebilderung.

Frau Inga Buchinger für den gewonnenen Kampf gegen den Computer.

Dank an die vielen Teilnehmer/Innen meiner Seminargruppen der St. Galler Business School, die in Diskussionen viel zum Gelingen dieses Buches beigetragen haben.

Inhaltsverzeichnis

Zur Benutzung

links

finden Sie

Ergänzungen,

Weiterführungen,

Tipps,

Wiederholungen

und

erweiterte Informationen

d i e s e s B u c h e s

r e c h t s

finden Sie

die wichtigsten Informationen in Kürze

und

konkrete Aufgaben

Sie entscheiden auf jeder Seite, ob Sie einen Blick nach „drüben“ brauchen, somit sparen Sie beim Lesen enorm viel Zeit.

Kommunikation und Rhetorik heute

Vorbei sind die Zeiten, in denen jeder ganz individuell loskommunizieren durfte, gerade wie es ihm richtig erschien. Die Globalisierung hat auch hier Pflichtstandards gesetzt.

Vor wenigen Jahren genügte es noch, halbwegs vernünftig reden zu können, heute werden Sie in allem, was Sie tun, an den übermächtigen Medien gemessen

- Sie sollten schreiben können wie ein Erfolgsautor
- Sie sollten sprechen können wie ein Radiomoderator
- Sie sollten moderieren können wie ein Talk-Show-Moderator
- Sie sollten präsentieren können wie ein Tagesschausprecher

Und im persönlichen Umgang mit Ihren Mitarbeitern sollten Sie auch noch Psychologe und Psychiater sein.

Die Erwartungen an Sie sind um ein Vielfaches gestiegen.

Dieses Buch hilft Ihnen, in vielen dieser Bereiche

s i c h e r e r

zu werden.

Kommunikation und Rhetorik haben sich verändert

Früher genügte es, im Berufsalltag "gut zu reden"; so hat es auch der Brockhaus definiert. Heute brauchen Sie alle Mittel der Kommunikation, d.h. die Fähigkeit, sich und die Sache überzeugend und sicher präsentieren zu können:

- perfekte Sprechtechnik
- sichere Vorbereitung
- gekonnte Präsentation
- wichtige psychologische und dramaturgische Hilfen

Und gerade beginnt eine neue Wissenschaft zu wirken: die Kinästhesie, die angewandte Ausdruckspsychologie, in der man von Ihnen zusätzlich erwartet, dass Sie körpersprachliche Signale erkennen, interpretieren und darauf richtig reagieren können. Früher genügte es auch, ausschliesslich den rationalen **Sach**aspekt zu präsentieren, heute weiss man, dass viele Entscheidungen (bis zu 80%) "über den Bauch" getroffen werden; der zwischenmenschliche **Beziehungs**aspekt hat entscheidende Bedeutung erlangt. Ausschliesslich sachlich "cool sein" ist out, Sie müssen sich selbst "very warm" mit der Sache einbringen. Packen Sie es an!

Das Harvard-Konzept: Grundsatz 1

Seit 1995 gelten ausschliesslich und weltweit diese in beinahe zwei Jahrzehnten mit viel Aufwand erforschten Verhandlungsstrategien (Quelle: Das Harvard-Konzept*).

Zum besseren Verständnis: Sie schauen mit Ihren Mitarbeitern zum Fenster hinaus: Der erste sieht die Häuser, der nächste die Autos, ein anderer die Bäume - jeder hat einen anderen Teilaspekt bei gleichem Objekt, also werden sich alle uneinig sein über das, was sie sehen. Selbst wenn alle ausschliesslich auf ein Auto schauen, fällt einem die Farbe auf, dem zweiten die Form, dem nächsten die Räder und andere betrachten eher das Emotionale, z.B. die Wirkung auf andere.

Im Bewusstsein um die unterschiedlichen Perspektiven müssen Sie in einer Verhandlungssituation zuerst einmal versuchen, alle zu verstehen - zuhören! -, die Argumente zu realisieren, in Ihre Vorstellungen einzubauen - dabei auch die Leisen berücksichtigen! - , und nach einer fairen Lösung suchen, die im günstigsten Fall allen Gesprächspartnern das Gefühl gibt, Gewinner zu sein (Win-Win-Modell.) Diese Ideallinie dauert zwar etwas länger, wenn aber alle beteiligt sind, wenn alle dazu stehen können, werden Sie es nicht nur leichter haben, Sie werden sich über ungeahnte Energien wundern.

* Fisher/Ury/Patton, Das Harvard-Konzept: Sachgerecht verhandeln, erfolgreich verhandeln., Campus Fachbuch, 2000

Trennen Sie Menschen und Probleme!

Jeder Mensch hat eine eigene Perspektive, die sich oft von der eines anderen unterscheidet. Die meisten Manager wollten bisher, dass alle die gleiche Perspektive haben, nämlich die ihrige. Das ist gefährlich! "Gleichmachung" führt unausweichlich zu Konflikten.

Der effektivere Führungsstil lässt die verschiedenstenen Blickwinkel zu. Die Führungs-"Kunst" besteht darin, eine gemeinsame Basis objektiver Kriterien zu finden, zu denen alle stehen können, nachdem Sie persönliche Beziehungen von der Sachfrage getrennt haben. Das gemeinsame Vorgehen wird unabhängiger von persönlichen Spannungen; Misstrauen wird stark reduziert. Dennoch bleiben Sie hart in der Sache.

Spielen Sie in Gedanken einen Konflikt aus der nahen Vergangenheit nochmals durch und analysieren Sie, ob Sie bei Ihren Entscheidungen wirklich und ganz klar Menschen und Probleme getrennt haben.

der Fall: ______________________________

Lösungen in der Sache: ______________________________

Konflikt mit den Personen: ______________________________

Ist eine Win-Win-Situatuion erreicht worden? ______________

Das Harvard-Konzept: Grundsatz 2

Sie kennen diese Verhandlungssituation:

„Ich will das!" - „Nein, ich will das!"

Es gibt Streit um starre Positionen und nach langem Pipapo einen Kompromiss, der niemanden befriedigt.

Die berühmte Harvard-Geschichte dazu:

Zwei Kinder streiten um eine Orange, schlussendlich bekommt jedes eine Hälfte; beide weinen aber trotz des gut aussehenden Kompromisses, denn das eine Kind wollte nur die Schale zum Kuchenbacken, das andere die Frucht, um Orangensaft zu pressen.

Durch die simple Frage „Warum möchtest du die Orange?" hätten sie die Interessen leicht herausgefunden.

Verhandlungen sind da, um Ihren Interessen zu nützen!

Selbst, wenn Sie Ihre hundertfach erfolgreich benutzte Verhandlungsposition verlassen, ist dies keine Niederlage, sondern eine riesige Chance auf ein erfolgreiches Resultat:

Fahren Sie in Ihrer Kommunikation zweispurig!

Spur 1: Ihre eigenen (beweglichen) Interessen

Spur 2: die Interessen der Gegenseite mit echtem Willen, sie zu berücksichtigen

Beharren Sie nicht auf festen Positionen, fordern Sie bewegliche Interessen!

„Ich bin der Boss - ich setze meine Verhandlungslinie knallhart durch, komme, was wolle!“

Generationen von Managern haben somit verpasst, erfolgreicher zu verhandeln, denn es reicht nicht (mehr) aus, um Positionen zu streiten. Heute erwartet man ein Ergebnis, das den Interessen beider Seiten entspricht, d.h. Sie sind die eine, der andere die zweite Seite.

So erreichen Sie bewegliche Interessen:

- sprechen Sie über Ihre Interessen
- erkennen Sie die Interessen der Gegenseite und nehmen Sie sie ins Resultat
- berücksichtigen Sie menschliche Grundbedürfnisse, wie Sicherheit, Selbstbestimmung, Zugehörigkeit
- bauen Sie alle unternehmerischen Motive ein (strategische, technische, ökologische, kaufmännische)

Mit den Interessen anderer können Sie am besten umgehen, wenn Sie sie aufschreiben, als wären sie Ihre eigenen.

➤Notieren Sie zusätzlich zur Übung auf der rechten Seite: welches waren die Interessen aller in der Verhandlung?

Beteiligter:	berück- sichtigt	nicht berücksichtigt
____________________	O	O
____________________	O	O
____________________	O	O
____________________	O	O
____________________	O	O
____________________	O	O
____________________	O	O
____________________	O	O

Ihre persönliche Schlussfolgerung für die nächsten Verhandlungen:

Ich ____

____

____

____

____

➤ Analysieren Sie eine komplizierte Verhandlung im Rückblick auf bewegliche Interessen:

wurden alle im Resultat berücksichtigt?

war ich selbst beweglich?

wurden menschliche Grundbedürfnisse erkannt?

habe ich alle unternehmerischen Motive gesehen?

strategisch: ______________________________

ökologisch: ______________________________

technisch: ______________________________

kaufmännisch: ______________________________

Markieren Sie Ihre Problemzone(n)

Wenn Sie möchten, dass man Ihnen zuhört und Ihre Ausführungen versteht, dann setzen Sie Ihre Interessen und Gründe an den Anfang und lassen erst dann die Konsequenzen zur Lösung folgen. Trennen Sie nicht, wird man Ihre Begründung nur bedingt, weil weniger wirkungsvoll, akzeptieren

Das Harvard-Konzept: Grundsatz 3

„Der Weg ist das Ziel"

Dieser allseits bekannte Werbespruch gilt hier besonders: auf dem Weg zu einem guten Resultat kann sich viel mehr entwickeln, wenn man nicht nur den schnellsten Weg begeht. Sie sollten kreative Varianten entwickeln, um folgende vier gängigen Brems-(Killer-)Argumente zu eliminieren:

- *„es geht nicht"* - nichts schlimmer, als ein vorschnelles, oft emotionales Urteil
- *„wir wollen eine schnelle Lösung"* - der Denkhorizont wird gewaltig eingeengt
- *„unsere Möglichkeiten sind beschränkt"* - meist sind das lediglich Annahmen, die nicht genügend geprüft worden sind
- *„das interessiert uns nicht"* - unkollegiale Vorstellung, dass jeder sein eigenes Problem selbst lösen sollte

Wenn Sie solche Hindernisse überwunden haben, können Sie den „Weg" mit kreativen Optionen pflastern, aus denen bessere Resultate hervorgehen, weil es keine Störungen durch traditionelle Blocker gab. Diese Verhandlungsvarianten kommen Ihnen sicher weniger effektiv vor, da sie mehr Zeit als auf Resultate gerichtete Ziele benötigen. Stimmt aber nicht.

Suchen Sie Lösungen zum Vorteil beider!

Wahrscheinlich sind Sie gewohnt, in Verhandlungen ausschliesslich an die Schluss-Entscheidung und das Resultat zu denken und danach zu handeln. Der Weg dorthin ist Ihnen ziemlich egal.

Mit dieser traditionellen Methode „verschenken“ Sie viele zusätzliche Varianten und Möglichkeiten, die Resultate zu verbessern.

Lassen Sie kreative Wahlmöglicheiten zu!

Fordern Sie sich selbst und Ihre Mitarbeiter auf:

- die Zahl der Optionen auszuweiten (Brainstorming ist erlaubt)
- die kritische Beurteilung zurückzudrängen, dafür einen Prozess zur Ideengewinnung in Gang zu bringen
- vorrangig nach **Vor**teilen für alle Seiten zu suchen
- Vorschläge zu finden, die dem anderen eine Entscheidung erleichtert
- Ihren Verhandlungspartner mit Argumenten zu stärken, damit er seine Vorgesetzten oder Auftraggeber besser überzeugen kann

Diese „neuen Verhandlungswege" werden Ihnen qualitativ höherstehende Produkte bringen, die besser sind, weil sie in einem komplexeren Umfeld entstanden sind und somit längerfristig Bestand haben. Somit werden Sie als Führungskraft effektiver im Bewirken von Resultaten.

Mit folgenden 4 Schritten lassen sich aus einer guten Idee andere Ideen hervorbringen:

1. das Problem

was ist falsch?

welches sind die Symptome?

2. die Analyse

was fehlt?

welche Hindernisse gibt es?

3. das Vorgehen

welche theoretischen Varianten sind denkbar

welche neuen Strategien könnten helfen?

4. die Idee zur Durchführung

was könnte getan werden?

welche problemlösenden Schritte gibt es?

Ihre Aufgabe:

Lernen Sie diesen neuen Weg auswendig und spielen Sie ihn baldmöglichst in der Realität durch. Hier die Lernfassung mit Möglichkeiten, einen Modellfall durchzuspielen:

der Fall: [ ]

mehr Optionen: ____________________

____

____

Ideengewinnung: ____________________

____

____

nur Vorteile finden: ____________________

____

____

Vorschläge und
Argumente: ____________________

____

____

Das Harvard-Konzept: Grundsatz 4

Die meisten Entscheidungen entstehen unter Druck. Der eine hat keine Zeit, die nächsten haben technische oder rechtliche Bedenken, manche sehen ausschliesslich die Gewinnmarge. So erschweren festgefahrene Strukturen ein positives und für jeden akzeptables Resultat.

In diesem Falle neigen Sie erfahrungsgemäss zum „faulen Kompromiss" und geben dem äusseren Druck nach.

Es geht auch ohne gegenseitigen Druck; versuchen Sie objektive Kriterien zu finden und sachlich zu diskutieren, etwa:

Wirtschaftlichkeit und Gewinn - **ökonomisch**

Technik und Material - **technisch**

Recht und Ökologie - **menschlich**

Organisation und Effizienz - **organisatorisch**

Akzeptanz und Verwendbarkeit - **sozial**

Sie werden damit vernünftiger und offener diskutieren.

Um faire Lösungen zu erzielen, die unabhängig vom Willen beider Seiten sind, kann man die objektiven Kriterien zur Abstimmung der sich widersprechenden Interessen anwenden.

Das uralte Beispiel:

Zwei Kinder teilen sich einen Kuchen; das eine Kind zerschneidet ihn, das andere darf sich ein Stück auswählen.

Eine gute Lösung gibt es nur mit objektiven Kriterien

Dieser für Sie eher schwierige Grundsatz will alle „Bremser" unter Ihren Mitarbeitern zu objektivem Denken bewegen, denn Beharren auf (oft alten) Standpunkten führt zu unbefriedigenden und schlechteren Resultaten. Lassen Sie nur Objektives gelten, d.h. es muss **sinnvoll, einsichtig** und **für alle nachvollziehbar** sein. Ihr Weg sollte sich orientieren am „richtigen Leben draussen".

Bewerten Sie folgende Kriterien:

Kreuzen Sie an:

a) wir sind immer zu teuer

O objektiv O nicht objektiv

b) seit 9 Jahren machen wir es so, es hat sich bewährt

O objektiv O nicht objektiv

c) so lange ich hier bin, wird sich daran nichts ändern

O objektiv O nicht objektiv

d) diese Untersuchungen haben wir interessenunabhängig gemacht

O objekt O nicht objektiv

e) alle Abteilungen sollten diese Ziele durchchecken

O objektiv O nicht objektiv

Keines der beiden Kinder kann sich über eine ungerechte Teilung beklagen.

Der Sinn in der Anwendung dieses Verfahrens - „der eine schneidet - der andere wählt“ besteht darin, dass die Parteien zuerst darüber verhandeln, was sie jeweils für ein faires Argument halten, ehe sie sich für spezifische Rollen entscheiden. Sollten Sie sich diese Variante (noch) nicht zutrauen: lassen Sie sich von einem „Schiedsrichter“ helfen; das kann ein neutraler Dritter oder ein Moderator sein.

Der Idealfall besteht darin, dass sich Ihre Lösung auf Prinzipien gründet und nicht auf gegenseitigen Druck oder Emotionen zu Stande kommt. Konzentrieren Sie sich auf die Sachlage und nicht auf den Eifer des Partners.

➤ „der eine schneidet - der andere wählt“:

Haben Sie dieses Prinzip schon mal angewendet? Wenn nein: wo und wann hätten/werden Sie es tun können?

Verhandlungsthema: ________________________________

Ihr(e) Partner: ________________________________

wer schneidet? ________________________________

wer wählt? ________________________________

f) stimmen Sie zu, wenn wir den Preis um 2% erhöhen?

O objektiv O nicht objektiv

g) 90% der Kunden finden das Produkt gut, wir sollten nichts mehr daran ändern

O objektiv O nicht objektiv

h) eine nackte Frau auf der Verpackung entspricht nicht unserer Geschäftsphilosophie

O objektiv O nicht objektiv

Kreieren Sie eigene Beispiele aus Ihrer Erfahrung:

___

O objektiv O nicht objektiv

___

O objektiv O nicht objektiv

Lösung:
a) nicht objektiv
b) nicht objektiv
c) nicht objektiv
d) objektiv
e) objektiv
f) nicht objektiv
g) objektiv
h) objektiv

Die Sache mit der Beziehung

Jedes Wort wird anders verstanden. Die eigentlich positive Aussage: „Es ist schönes Wetter“ wird nicht nur viele verschiedene Definitionen von „schön“ ergeben, etliche werden finden, dass das Wetter „gar nicht schön“ ist: es ist zu heiss, es hat zu viel UV-Strahlung, es gibt zu wenig Schatten u.v.m.

Also sollten Sie alle Ebenen der möglichen Kommunikation ausschöpfen, um nachhaltig und klar zu informieren.

Das historische Modell genügt nicht mehr:

Sprecher ↔ SACHE ↔ Zuhörer

Heute gehen bis zu 80% (!) der Entscheidungen über die Beziehungsebene:

Sprecher ↔ BEZIEHUNG ↔ Zuhörer
Sache

Testen Sie sich selbst:

	Beziehung	Sache
Ihr Autokauf?	%	%
Ihre Zigarettenmarke?	%	%
Ihr Urlaubsziel?	%	%
Ihre Biersorte?	%	%
Ihr Parfum?	%	%

Nach wie vor gelten die 3 Ebenen:

die Sache:

- rational, sachlich, logisch argumentieren
- die eigene Position überzeugend darstellen
- gegen Kritik verteidigen
- mit Gegenargumenten gut umgehen

kurz: **von** **Kopf** **zu** **Kopf**

Viele ältere Manager glauben, dass die Information über die Sache genüge. Es gibt sogar noch den Typen, der eine Folie mit unzähligen Fakten auflegt, eine Sekunde wartet und dann fragt: "Alles klar?"; er glaubt, dass nun alle alles verstanden hätten.

Sie wissen aus eigener Erfahrung, dass es zu einer nachhaltigen Kommunikation viel mehr braucht:

die Beziehung:

- emotionale Bindung
- Entscheide „über den Bauch"
- Körpersignale erkennen und darauf reagieren
- ihre ganze Persönlichkeit im Positiven wie im Negativen

kurz: **von** **Mensch** **zu** **Mensch**

die Persönlichkeit:

Sie sind immer mitten im Geschehen; auch wenn Sie nichts sagen, die anderen spüren Sie. Sie können sich nicht „nicht verhalten“, Achtung: wenn Sie als Chef in ihrem Team nur dabei sitzen, auch ohne selbst etwas zu tun, bedingt dies schon andere Reaktionen für manche Teilnehmer.

Fazit: Regulieren Sie Ihre Kommunikation mit einem hohen Anteil an Beziehungen!

Beziehung = **Sie selbst**, nicht Ihr Fax, Brief, SMS ...

Hier eine Auswahl von kleinen Schritten, die Sie zu einer näheren und tieferen Kommunikation führen:

markieren Sie:

- ich werde bei Vorbereitungen mehr den Mensch-zu-Mensch-Aspekt berücksichtigen
- ich werde mich öfters „unten“ zeigen
- ich werde weniger faxen, dafür mehr telefonieren und direkt vorbeigehen
- ich werde mein Büro und die Besprechungen sympathischer gestalten
- ich werde mehr auf meinen Gesprächspartner eingehen
- ich werde ______________________________
- ich werde ______________________________

➤ Kreuzen Sie an und denken Sie über eventuelle eigene Veränderungen nach:

O ich kommuniziere genügend auf der Beziehungs-ebene

O ich sollte etwas mehr auf der Beziehungsebene kommunizieren

O ich sollte mich entscheidend mehr um die Beziehungsebene kümmern

Suchen Sie jetzt ein eigenes Feedback zu einer Situation, in der es um direkte Kommunikation ging.

Situation:	________________		
Bez.ebene:	O gut	O okay	O zu wenig
Situation:	________________		
Bez.ebene:	O gut	O okay	O zu wenig
Situation:	________________		
Bez.ebene:	O gut	O okay	O zu wenig

Glauben Sie, dass andere Sie auch so gesehen haben?

💡 Internationale Kontakte in Ländern südlich der Alpen leben viel mehr von der direkten Kommunikation.

Mentales Training

In den 80er Jahren waren Steigerungen im Muskeltraining von Spitzensportlern kaum mehr möglich und alle Bewegungsabläufe waren maximiert. Dann kam die Stunde der Psychologen! Forschungen hatten gezeigt, dass das menschliche Gehirn sich „betrügen“ lässt, wenn man ihm vorweg oft genug sagt, wie ein Ablauf vor sich gehen sollte. So „glaubt“ es etwas zu tun, was in der Realität noch gar nicht stattgefunden hat. Mit diesem Trick der zeitlichen Überlistung kann man sich intensiver vorstellen, was man tun möchte oder muss - das Gehirn wird sich und dem Körper die entsprechenden Befehle und Einstellungen geben. Nach dieser Erkenntnis purzelten die Rekorde im Sport in allen Sparten.

Profitieren Sie davon im Beruf und im täglichen Leben, indem Sie sich wichtige Vorgänge vorweg mehrfach vorstellen!

Bedingungen dafür sind Ruhe, Entspannung und Wiederholung. Am besten planen Sie mindestens je eine Viertelstunde und entscheiden selbst die Anzahl der Wiederholungen bis Sie das sichere Gefühl haben, sich wohl zu fühlen und „über der Sache“ zu stehen.

<u>Nutzen Sie die Erkenntnisse der Sport-Psychologie in der Kommunikation</u>

Jeder Hochleistungssportler benutzt Mentaltraining zur Steigerung seiner Leistungsfähigkeit. Stellen Sie sich in Ruhe ein wichtiges Ereignis in der Zukunft vor und überlisten Sie Ihr Gehirn mit einem positiven, klaren und lebhaften Bild davon, möglichst nahe an der Realität. Ihr Gehirn glaubt, dies wäre bereits geschehen und programmiert ähnlich wie ein Computer das gewünschte Verhalten im Zentralnervensystem. In dem Moment, wo das vorgedachte Ereignis wirklich stattfindet, haben Sie einen gewaltigen mentalen und körperlichen Vorsprung.

Diese Visualisierung vorweg sollte in Ruhe stattfinden und mehrfach wiederholt werden:

- <u>das optische Bild</u>

  Sie sehen sich selbst am Ort des zukünftigen Geschehens

  Sie sind sicher und gelassen

  Sie überzeugen in einer positiven Haltung zu sich selbst und der Sache

Ein Trainingsvorschlag:

Wählen Sie eine bevorstehende „heisse" Präsentation und stellen Sie sich diese drei Bilder vor:

- Sie sind vor Ort mit allen Details
- Sie reden und spüren das Publikum
- Sie leben Ihre Emotionen vorweg

[Idee: trainieren Sie mental einige Abläufe in Ihrem Lieblingssport, Ihre Umgebung wird sich wundern]

***

Alle „Knackpunkte" zum Freuen und Trainieren

<u>winner</u>

auf dem stirnband: the first

auf dem pulswärmer: the best

auf dem t-shirt: the winner

auf dem polo: the number one

auf der hose: the greatest

auf der sporttasche: the champion

morgen ist mein erstes training

- <u>das auditive Bild</u>

  Sie hören sich selbst sprechen

  Sie hören mögliche Reaktionen des Publikums

  Sie argumentieren gekonnt und souverän, lassen sich nicht überraschen

- <u>das emotionale Bild</u>

  Sie fühlen sich in dieser Situation wohl

  Sie spüren alle körperlichen Empfindungen

  Sie sind sicher

Anwendung des Mental-Trainings vor Ihrer Präsentation

Menschen haben natürliche Urängste vor Spinnen, Arbeitslosigkeit, Terrorismus u.v.m., aber am meisten zittern sie vor dem Moment des öffentlichen Auftretens:
feuchte Hände, Herzklopfen, zitternde Knie bewirken eine oft ärgerliche und lästige Spannung. Manche werden sogar von einer Art „Kurzkrankheit" geplagt, müssen sich übergeben oder unausweichlich auf ein Stilles Örtchen. Das ist das liebe Lampenfieber, so benannt von Schauspielern beim ersten Auftreten im Licht der Bühnenlampen. Notieren Sie jetzt Ihre persönlichen Reaktionen, egal ob Spannungen oder Lampenfieber:

- ______________________________
- ______________________________
- ______________________________
- ______________________________

Sie kennen nun Ihre Varianten, Sie lassen sich ab sofort nicht mehr überraschen, Sie <u>erwarten</u> diese Reaktionen, akzeptieren sie. Manche begrüssen Sie wie gute, alte Bekannte und nehmen ihnen somit einen Teil der negativen Wirkung.

Knipsen Sie Ihr Lampenfieber aus und profitieren Sie von Spannungen

Sie spüren vor wichtigen Reden überhaupt keine Spannungen? Sie kann nichts erschüttern, Sie haben nicht einen Herzschlag mehr? Ja? Dann gehören Sie zu den statistisch erfassten 3%, die von den anderen beneidet werden: überschlagen Sie dieses Kapitel - und kontrollieren Sie sich selbst, ob Ihr „Coolsein“ nicht überheblich oder unnahbar wirkt!

Für die anderen 97% gilt:

Lampenfieber ist positiv! - denn damit:

- sind Sie spontaner
- überschätzen Sie sich nicht selbst
- sind Sie besser, weil engagierter
- mobilisieren Sie innere Energien

Einige „Medikamente“ falls Ihre Spannungen zu hoch sind:

- Sie benutzen das im vorigen Kapitel gelernte mentale Training und stellen sich Ihren Einsatz mehrfach dreidimensional vor
- Ihr Präsentation ist maximal vorbereitet und trainiert
- Sie lernen die ersten Sekunden - und nur diese! - auswendig, danach flauen Spannungen sowieso ab

➢ Ihre persönlichen Massnahmen gegen Lampenfieber

O mentales Vor-Training

O die ersten Sekunden auswendig lernen

O ______________________________

O ______________________________

O ______________________________

Der deutsche Entertainer Otto würde es so regeln:

„Lampenfieber! Ich warte - bitte kommen!
Hände! Feucht werden!
Puls! Schneller werden!
Darm! Bitte rumoren!
Ja, jetzt ist es da!
Schön, dass es dich gibt, jetzt bin ich besser!“

- für besonders harte Fälle: Sie legen möglichst schnell eine Folie auf, Sie treten so in den Hintergrund; in dieser Zeit verpufft ein Grossteil des Lampenfiebers

Ihr äusseres Erscheinungsbild

Der moderne Mensch verhält sich immer noch in vielen psychologischen Reaktionen wie seine Vorfahren in der Urzeit: schnelles Erkennen von Beute und möglichen Gegnern praktizieren wir heute noch im schier unauslöschlichen Bild des ersten Eindruckes. Innert weniger Sekunden prägt sich in uns der vermeintliche Charakter eines unbekannten Menschen ein; ob es stimmt oder nicht, wird selten logisch verfolgt.

Wir schauen und interpretieren zu allererst:

- die Kleidung
- den Gesichtsausdruck
- die Körperhaltung

Fordern Sie im Falle von eigener Unsicherheit ein kurzes Feedback von Ihrer Umgebung (Kollegen, Sekretärin ...), Sie werden sich bestätigt, wohler und sicherer fühlen. Überschätzen Sie aber nicht die äussere Wirkung, sie wird sehr bald durch Ihren Gesamt-Sympathie-Wert abgelöst:

- Wie können Sie sich einfühlen in eine Situation und in einen Menschen?

  O gut O okay O verbesserungswürdig

- Strahlen Sie Vertrauen aus und zeigen Sie es?

  O ja O manchmal O ist mein Problem

Der erste Eindruck

Sie wissen, dass der erste Eindruck, den man von einem Menschen hat, in einer Beziehung lange Zeit Bestand hat. Deshalb müssen Sie ihn im Griff haben, denn jeder Mensch reagiert erst einmal über sein Gefühl und wird kaum etwas tun, den ersten Eindruck zu korrigieren.

Tipps, die Sie ankreuzen, falls Sie äusserlich ganz sicher sein wollen:

O Ich vermeide Extremes im Äusserlichen

O Meine Kleidung ist dezent, gepflegt und im Trend (der sich ständig ändert!)

O Ich weiss, dass ich mir selbst treu bleibe

O Ich bringe bei Bedarf vorher die Gepflogenheiten meines Gegenübers in Erfahrung

nur für Männer:

O mein Rasierwasser - wenn überhaupt - ist dezent

O nur „Grau in Grau" macht tatsächlich grau

nur für Frauen:

O tagsüber benutze ich nur leichtes Eau de Toilette, Parfum abends und privat

O ich lege im Dienst nur ein dezentes Make-up auf, bei besonderen Anlässen kann ich etwas zulegen

- Bleiben Sie auch in kritischen Situationen sachlich und cool?

  O immer O manchmal nicht

  O ich sollte manchmal bewusster bleiben

- Bieten Sie echtes, innerliches Fairplay?

  O ich bin es in meiner Person

  O ich spiele es manchmal

  O ich spiele es verdammt oft

Falls Sie was an sich ändern/verbessern wollten, was wäre das?

äusserlich: ______________________________

____

____

innerlich: ______________________________

____

____

mental: ______________________________

____

____

Es gibt auch den „2. ersten Blick“:

wenn Menschen sich zum ersten Mal begegnen, „belauern“ sie sich gegenseitig minutenlang und suchen taktische Vor- und Nachteile beim Gegenüber.

Sie sollten daher am Anfang eines Kontaktes:

- besonders kontrolliert und freundlich sein
- keine doppeldeutigen „schrägen“ Bemerkungen von sich geben
- Ihrem Gegenüber besonders viel Zeit einräumen sich zu präsentieren, was Ihnen wiederum mehr Raum für eine Einschätzung gibt

Gab es da nicht vor kurzem einen Kontakt, bei dem Sie sich nicht ganz wohl gefühlt haben?

Woran/ an wem lag es?

➤ Kontakt: ______________________________

Problem ______________________________

Kontakt: ______________________________

Problem: ______________________________

Kontakt: ______________________________

Problem: ______________________________

Abhilfen: ______________________________

____

Ihr Sympathiewert

Wie Sie wissen, genügte früher fast ausschliesslich eine maximale Vorbereitung in der Sache, heute wird dazu der ganze Mensch mit all seinen Überzeugungsmöglichkeiten erwartet. „Nur da sein" genügt nicht mehr, Sie müssen sich voll einbringen und vor allem emotional präsent sein und Ihre Wirkung nach aussen kennen.

Machen Sie doch mal die Probe aufs Exempel mit drei von Ihnen ausgewählten Kollegen.

Welchen Sympathiewert geben Sie ihnen?

(0 = schlecht bis 10 = maximal)

1.Kollegin/Kollege:____________________Wert:____________

2.Kollegin/Kollege:____________________Wert:____________

3.Kollegin/Kollege:____________________Wert:____________

Welchen Sympathiewert geben Sie sich selbst?

Jetzt umgekehrt: Welchen Sympathiewert erreichen Sie selbst - nach Ihrer Meinung - bei obengenannten Kollegen?

1. ________________________ _____

2. ________________________ _____

3. ________________________ _____

Haben Sie den Mut, bei den Dreien nachzufragen? Tun Sie es? Sie werden sich wundern, wie viel ein derartiges Feedback bewirken kann!

Ihre Überzeugungskraft

Ihr Sympathiewert entscheidet mehr über einen guten Ausgang einer Verhandlung oder Präsentation, als Sie wahrscheinlich annehmen. Gerade, wenn ähnliche Produkte vorgestellt oder Sachinformationen vermittelt werden, geht der Entscheidungsweg über die Person mit der sympathischeren Ausstrahlung. Das mag Ihnen unlogisch, ja sogar ungerecht erscheinen, aber vergleichen Sie es z.B. mit den Erfolgen von Politikern: nicht derjenige mit dem besten Sachwissen bekommt die meisten Stimmen, sondern der mit der grösseren Ausstrahlung.

Egal, was Sie tun: Ihre Mitmenschen beurteilen Ihre Überzeugungskraft an diesen 3 Kriterien:

- Ihre Begeisterung von innen heraus

	gut	**mässig**	**schlecht**
Eigeneinschätzung:	O	O	O
Fremdeinschätzung:	O	O	O

- Ihr Einfühlungsvermögen in andere

Eigeneinschätzung:	O	O	O
Fremdeinschätzung:	O	O	O

- Ihre Glaubwürdigkeit in Sache und Person

Eigeneinschätzung:	O	O	O
Fremdeinschätzung:	O	O	O

team

ich rede gerne mit ihm,

manchmal auch mit ihr,

er nicht mit ihr, nie mit ihnen,

schon gar nicht mit dem boss,

der aber intensiv mit mir und ihr.

mit den anderen reden wir nur selten,

weil sie es mit ihr und ihm nicht tun;

aber mit zwei der anderen ist es anders:

sie reden nur mit mir, nicht mit den anderen.

wir sind ein gutes team

Unsere Wirtschaft
wird durch deterministische,
indikativ betriebsindividuell
heuristisch maximierte Konsignations-
handlungen und die Distributions-
marginalanalysen nicht nur
horizontal sondern auch dyopol
und lateral gepusht und damit
auch dem Simplex-Algorhythmus
substantiel gerecht. Und damit
meine ich, dass das extravertierte
und sporadisch aufkommende Di...

Rhetorik: Die Geschichte in Kürze

- die ersten Rhetoriker waren griechische Juristen, Feldherren und Philosophen
- um 400 v.Chr. schreibt Aristoteles das erste Lehrbuch; er fordert damals schon Stilsicherheit, Deutlichkeit und psychologische Wirkung
- die „Kunst des Redens" artet aus und wird zur „l'art pour l'art" bei den Römern
- im Mittelalter bleibt die Redekunst ein Zeichen höherer Bildung
- öffentliches Reden kommt ab etwa 1500 in Mode: familiäre Anlässe, Predigten (Luther), erste gedruckte Reden
- die öffentliche Rede wird ab der französischen Revolution politisiert
- ab dem 1. Weltkrieg werden Reden durch Schallplatte, Radio und später dem Fernsehen massenwirksam
- Rhetorik als bewusstes Propagandamittel bei Nationalsozialisten und Kommunisten
- nach dem 2. Weltkrieg (erst in den USA): Verkaufsrhetorik, Werbung, Erforschung psychologischer und dramaturgischer Wirkung („Kinästhestik")

Rhetorik: die Erwartungen heute

„Reden kann doch jeder", sagen Sie sich wahrscheinlich. *„Sprechen auch"*. Sie haben Recht.

Können Sie auch gut und fair reden und sprechen?

Beides erwartet man heute von Ihnen gekonnt, denn Sie stehen als Führungskraft immer unter kritischer Beobachtung Ihrer Mitarbeiter. Nachweisliche Fehler oder Schwächen bedeuten Machtverlust! Ausserdem ist Ihr grösster Konkurrent das Fernsehen, an dem Ihre rhetorischen Fähigkeiten meist unbewusst gemessen werden. Sie stehen in der ersten Reihe, also werden Sie erstrangig observiert.

Die Anforderungen an die Rhetorik haben sich in den letzten Jahren ziemlich verändert: genügte es noch in den 80er Jahren zu reden, wie es einem gut dünkte, begann mit dem Aufschwung der Medien die Erwartung der maximalen Präsentation.

Heute müssen Sie:

- sicher und überzeugend reden
- die richtigen Varianten der Präsentation einsetzen
- gut vorbereitet sein
- alle psychologischen und dramaturgischen Mittel kennen und nützen

- ab 1995: das Harvard-Konzept (Win-Win-Modell) und die Erwartung an jeden, alle rhetorischen Mittel gut einzubringen
- Aussichten: die „Vermediasierung“ wird fortschreiten, die Rhetorik wird wichtiger und droht gleichzeitig zu verflachen

Welches Verhältnis haben Sie grundsätzlich zur Rhetorik?

O ich bemühe mich, so gut es geht

O ich bereite mich maximal vor

O ich bin darin kaum verbesserungsfähig

O ich suche hie und da ein Feedback von anderen

O ich falle beim Reden nicht auf

O ich kann Menschen beim Reden begeistern

(3x die jeweils untere Möglichkeit angekreuzt? Das wäre Spitze!)

Alle diese Voraussetzungen müssen Sie genau geplant haben und vorweg festlegen, wie Sie wirken werden.
Die Ansprüche an Sie sind gewaltig gestiegen! Checken Sie sich und Ihre Bedürfnisse mit diesem kleinen Test zu Rhetorik ab. Wie schätzen Sie sich ein?

	maximal	gut	verbesserungs-fähig
Sprechtechnik	O	O	O
Vorbereitungen	O	O	O
Präsentationstechnik	O	O	O
Ihr Wissen über:			
dramaturg. Mittel	O	O	O
psycholog. Mittel	O	O	O
Gesamtwirkung	O	O	O

Suchen Sie sich im Folgenden besonders die Artikel heraus, die Sie fördern können! „Zappen“ Sie sich durch das Wichtigste hindurch: Schlag auf Schlag folgen in kurzen Kapiteln die Regeln und Tipps, die Sie kennen müssen. Heutzutage ist perfekte Rhetorik wirklich ein „Muss“!

Texte vorbereiten

Es gibt zwei Ausnahmen für das Karteikarten-Stichwort-Konzept: die ersten und die letzten Sekunden.

Zum einen wissen Sie, dass der Erst- und Letzt-Eindruck besonders haften bleibt, zum andern neigen Lampenfieber-kandidaten am Anfang zu Unsicherheiten.

Daher empfiehlt es sich:

- die Einleitung und den Schluss auszuformulieren,
- (teil-)auswendig zu lernen und
  vorher zu trainieren.

Kodieren Sie Ihre Texte individuell!

Kreieren Sie „Ihre“ persönlichen Zeichen und Farben, um entscheidende Stellen im Text zu markieren und damit sicherer zu werden.

Ein Vorschlag:

lauter lesen	=	gelb markieren
leiser lesen	=	blau markieren
gefährliche Wörter	=	rot markieren
Pausen	=	einfacher oder doppelter Strich
Betonungen	=	einfach oder fett unterstreichen

Die Karteikarte

Trotz aller Präsentationshilfen elektronischer Art: die „alte“ Karteikarte wird es noch lange geben! Sie ist Ihr persönlichstes Hilfsmittel; mit ihr steuern Sie alle Ihre Wirkungen.

Es stehen nur Ihre Stichpunkte darauf, denn damit wirken Sie überzeugender als mit wohlvorbereiteten Texten, die Sie ablesen. Sie formulieren jeden Gedanken neu, wirken direkter und können auch Zeit- und Wiederholungsprobleme in den Griff bekommen.

So sieht sie aus:

- A5 quer
- festes, helles Papier
- rhetorische Hinweise notieren (1-2 pro Zeile)
- Ihr Signet auf der Rückseite
- Nummerieren (am besten rückwärts)
- Argumente gewichten (→ „Vorbereitung“)

Die Karte halten Sie nicht mit der Schreibhand; diese brauchen Sie automatisch mehr für Ihre Gestik. Niemals mit beiden Händen! Das wirkt unsicher.

Der Weg zum Auftritt: Details

Der Weg zum Auftritt wird oft wie der „Weg zum Galgen“ empfunden: alle schauen besonders intensiv und genau

Zu Ihrer Sicherheit

- vorher empfiehlt sich der Weg zur Toilette, wo alles definitiv kontrolliert wird:

  sitzt die Kleidung?

  ist die Frisur okay?

  (zum letzten Mal die Strähne aus dem Gesicht streichen oder die Krawatte richten)
- wenn möglich: keinen Small-Talk, dafür volle Konzentration auf die ersten Auftrittssekunden
- nochmals mentale Vorstellung aller Details
- keine spontanen Veränderungen zulassen
- den ersten Satz nochmals leise vorsprechen
- „Lampenfieber: bonjour!“, sagen, „die erwarteten Reaktionen sind da und unter Kontrolle“

Der Weg zum Auftritt: der Test

Der erste Eindruck ist wichtig, also vermeiden Sie alle möglichen - vor allem - kleinen Pannen!

Sie haben sich mental maximal vorbereitet und gehen bewusst und zielstrebig an Ihren Präsentationsplatz, Blick und Mimik positiv auf Ihr Publikum gerichtet, Sie beginnen zügig.

- Kritisieren Sie sich selbst rückwirkend während der ersten Sekunden bei einem ihren letzten Auftritte:

  Anlass: ______________________________

Sind Sie mit diesen ersten Sekunden zufrieden?

O zufrieden

O nicht ganz zufrieden

Warum: ______________________________

Detailbestimmung:

Ihre Haltung:	☺	😐	☹
Ihr Gang:	☺	😐	☹
Ihre Mimik:	☺	😐	☹
Ihr erster Eindruck aufs Publikum:	☺	😐	☹
Ihre erste Aktion:	☺	😐	☹
Ihr erster Satz:	☺	😐	☹

In der Regel sieht der Verlauf einer Lampenfieberkurve so aus:

Damit Sie Ihre persönliche Lampenfieberkurve bewusster angehen können, tragen Sie Ihre Linie ein:

Entscheiden Sie vorher, ob Sie stehen oder sitzen. Die Faustregel:

Stehen	=	präsentieren oder kurzer Auftritt
Sitzen	=	diskutieren
		länger verhandeln
		Persönliches

Beim Sitzen gilt:

- aufrecht
- Hände immer auf/ über dem Tisch
- Knie geschlossen (Frauen Achtung: Männerfantasien!)
- Beine nie vom Körper wegstrecken (wirkt unhöflich)

Die ersten Sekunden Ihres Auftritts

Das „Schlimmste“ haben Sie nun hinter sich, Sie erwarten nun das Abflachen Ihrer Lampenfieber-Spannung auf einen Wert knapp über normal und reagieren positiv-bewusst auf Ihre Präsentation. Schalten Sie Ihre Funktionskontrollen auf Dauerbetrieb:

- ✓ Sie sind in Stand und Haltung sicher und ruhig
- ✓ Sie sind so oft wie möglich in Normalposition
- ✓ Sie wandern nicht umher, Sie wackeln nicht unkontrolliert
- ✓ Sie haben Ihre notwendige Technik voll im Griff
- ✓ Sie sind immer für alle gut sichtbar
  (hinter dem Projektor verstecken gilt nicht)
- ✓ Sie agieren mit der Schreibhand und halten Ihr Manuskript
  (Karteikarte!?) in der anderen Hand
- ✓ Sie bleiben stets Sie selbst

Ab jetzt läuft Ihre „Präsentations-Maschinerie“ wie geschmiert.

Tipps für die Arbeit mit dem Mikrofon:

- je näher, umso differenzierter
- bei „Plopp"- Geräuschen: Windschutz montieren lassen
- wenn Techniker und Zeit vorhanden:

  Frauen: weniger Höhen, mehr Bass

  Männer: weniger Bass, mehr Höhen

  (individuell antesten)
- wer Mut hat: persönliche Bemerkungen auch mal ohne Mikrofon machen
- wenn Ansteck-Mikrofon: verstecken Sie Kabel und Sender gut unter der Kleidung, auf Reichweite achten
- Comedy-Gefahr, wenn Sie auf das Mikrofon klopfen, um es zu checken oder mit „Test, Test, eins, zwei, drei" beginnen!
- gerade jetzt: normal sprechen und die Dynamik bewusster einsetzen

Ihre Lautstärke:

Faustregel: 90% normal

5% lauter

5% leiser

„Normal" bedeutet: alle im Raum verstehen Sie gut (Feedback des Publikums beachten!)

Wechseln Sie bewusst und vorbereitet die Dynamik (am besten auf dem Manuskript notieren)

Faustregeln:

- lauter = Wichtiges, Bedeutendes
  („unser Gewinn beträgt dieses Jahr 4%")
- leiser = weniger Wichtiges
  Hintergrundinfos
  Persönliches

  („Erinnern Sie sich noch an die Skepsis zu Beginn des Projektes?")

Dies gilt auch, wenn eine Verstärkeranlage vorhanden ist. In diesem Falle testen Sie vorher oder beobachten ihre allfälligen Vorredner.

Das ideale Sprechtempo

Zur Bestimmung des idealen Sprechtempos vor Publikum ist immer noch der alte Kinder-Versprechtext gültig:

„In Ulm, um Ulm und um Ulm herum“

Saubere Sprechweise = ~ 60 Silben pro Minute; mit diesem Tempo können Sie vor jeder Zuhörermenge sprechen ohne deren Aufnahmekapazität zu überfordern.

Testen Sie sich selbst und sprechen Sie diesen Satz in den drei Varianten: langsam - normal - schnell

„Wir sollten diesen Weg gemeinsam gehen - auch mit allen möglichen Problemen!“

Erleben Sie es auch so?:

langsam	=	bedeutender
normal	=	gut, wie gewohnt
schnell	=	weniger wichtig, gehetzt

Verlassen Sie sich auch hier nicht auf Ihre Intuition während des Lesens; planen Sie vorweg und berücksichtigen Sie auch das Tempo mit Zeichen im Script.

Weitere Trainingsmöglichkeiten:

In diesem Buch finden Sie mehrere „Knackpunkte“, kurze Texte, bei denen jedes Wort wichtig ist; lesen Sie sie Ihrer Umgebung gut vorbereitet vor.

Ihr Sprechtempo

Auch hier gilt eine ähnliche Faustregel:

90% normal

5% etwas langsamer

5% etwas schneller

„normal" = 1 Silbe pro Sekunde

bedenken Sie die „Flugzeit" Ihrer Worte von Ihnen bis zum Hintersten im Raum, also sprechen Sie etwas langsamer als in vertrauter Umgebung

je „langsamer" = je wichtiger ein Gedanke, ein Resultat, eine Feststellung; spielen Sie auch mit Tempoverzögerungen, somit erzeugen Sie Spannungen

„schneller" = Nebensächliches, weniger Wichtiges

nie länger zu schnell sprechen!

- Ihre Zuhörer schalten schon nach wenigen Minuten ab, weil sie nicht folgen können
- dauerhaftes, schnelles Sprechen wird als Unsicherheit empfunden
- nie Zeit gewinnen wollen und deshalb hektischer reden, vor allem gegen Ende, lieber einen weniger wichtigen Gedanken auslassen!

Die Wirkung von Pausen

Schon Johann Sebastian Bach hatte erkannt: „Das Wichtigste an der Musik sind - die Pausen“. Ähnliches gilt auch für Ihre Rhetorik:

Haben Sie MUT ZUR PAUSE!

Pausen sind ein wichtiges dramaturgisches Mittel, um

- sinnvoll zu gliedern
- Spannungen zu erzeugen
- Höhepunkte vorzubereiten

Sie selbst profitieren von den Pausen:

- Vorbereitung auf kommende Gedanken
- kurzfristige Entspannung
- ruhige Atemmöglichkeit
- Kontrollmöglichkeit für Technik und Reaktionen

Suchen Sie jetzt mehrere Ihrer Aussagen, bei denen Sie instinktiv gespürt haben, dass eine Pause die Wirkung erhöht hätte; notieren Sie sie mit einem klaren Zeichen:

____

____

____

Ihre Sprechpausen

Sie und Ihre Zuhörer brauchen Pausen. Nichts ist schlimmer, als jemand, der ohne Punkt und Komma redet. Die Folgen sind klar: schon nach wenigen Minuten ist auch hier die Abschaltquote im Publikum gross, die Glaubwürdigkeit dahin und eine Interpretation „zu schnell = unsicher" erfolgt.

Pausen plant man bewusst und bereitet die wichtigen im Skript mit Zeichen vor.

Empfehlung: / = kurze // = lange Pause

Testen Sie die Wirkung von Pausen an diesen simplen Beispielen:

non-stopp: „Wir sollten diesen Vorschlag annehmen."

mit Pause: „Wir sollten diesen Vorschlag / annehmen."

non stopp: „Der Mörder ist immer der Gärtner."

mit Pause: „Der Mörder ist immer // der Gärtner."

non stopp: „Unser Gewinn beträgt 4 Prozent."

mit Pause: „Unser Gewinn beträgt // 4 Prozent."

Von allen rhetorischen Mitteln ist die Sprechpause das am meisten vergessene Moment, dabei ist ihre Wirkung so einfach und schnell zu erreichen

Trainieren Sie die „neue“ Atemtechnik

Wahrscheinlich liegt unser falsches Atmen an der Erziehung in der Kindheit: „Geradesitzen!“ blockiert die Bauchatmung.
Später als Erwachsener zieht man noch bewusst den Bauch ein oder schnürt sich mit engen Gürteln. Dabei bräuchte unser Körper die abgepresste Luft dringend. Im Schlaf und auch bei der Siesta schaltet der Körper automatisch auf natürliche Tiefatmung um.
Sie können sich über häufige mentale Befehle umtrainieren, ein Prozedere, das Sie bei jeder Gelegenheit nutzen müssen und das Monate oder gar Jahre brauchen kann, bis es automatisch wirkt. Es funktioniert einfacher im Stehen, beim Sitzen „flegeln“ Sie sich entspannt auf dem Stuhl. Letzteres können Sie auch mit etwas Geschick in Sitzungen oder bei langweiligen Präsentationen tun, ohne dass es jemand bemerkt.

Gerade nach dem Mittagessen und gegen Abend braucht der Körper besonders viel Sauerstoff:
atmen Sie dann bewusst

↓

t i e f !!

Ihre Atemtechnik

Sie gehören mit hoher Wahrscheinlichkeit zu den Flachatmern. Ihre Sauerstoffaufnahme endet am Zwerchfell. Dabei kann und müsste sie tiefer gehen: bis in den Nierenbereich.

Stellen Sie bewusst Ihre Atmung auf die Tiefatmung um:

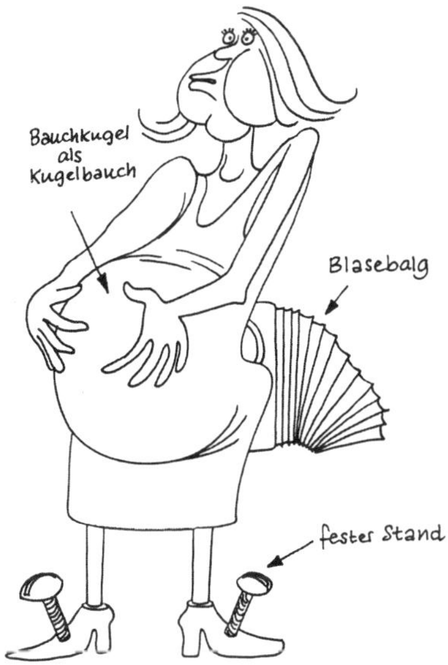

Trainieren Sie in kleinen Schritten so oft es geht. Ihr Körper wird es Ihnen danken mit höherer Spannkraft, weniger Müdigkeit, besserer Konzentration und einem positiveren Gesamtgefühl. Und Ihre Chance steigt, ein paar Jährchen länger zu leben. Falls Sie das wollen, brennen Sie sich tief in ihre Gedanken ein:

T i e f a t m e n ! I m m e r !

Keine Präsentation ohne konsequenten Blickkontakt

Ein gutes Mittel, den Blickkontakt konsequent zu halten, ist dieser kleine Trick:

Sie teilen Ihr Publikum in drei ähnlich grosse Kreise:

links + Mitte + rechts

Sie beginnen bewusst in nicht regelmässigen 3-5 Sekunden-Intervallen alle „gerecht" anzuschauen. Sie werden bald eine Automatisierung dieses Vorgehens bemerken.

Achtung! VIP's wollen mehr Blickkontakt. Geben Sie ihnen, was sie zu brauchen glauben; seien Sie aber nicht untertänig!

Die meisten Menschen schauen sowieso automatisch öfters zu ihren Vorgesetzten.

Wenn es irgendwie geht: setzen Sie wichtige Leute zusammen, Sie ersparen sich gedankliche Arbeit, wer wo wie lange angeschaut werden sollte.

Und wenn Sie jemandem überhaupt nicht in die Augen schauen können: ein Blick auf die Nase bewirkt das gleiche oder auch knapp über der Mitte der Augen (dort, wo Inder den Punkt tragen), wenn Sie mehr als zwei Meter entfernt sind.

Ihr Blickkontakt

Auch Sie würden sich über einen TV-Moderator beklagen, der nur auf sein Blatt schaut. Sie müssen konsequent Ihren Blickkontakt pflegen!

Der Blickkontakt dient:

- als emotionale Brücke zu den Zuhörern
- als Demonstration Ihrer Sicherheit in Sache und Gefühl
- zur Verstärkung der Aufmerksamkeit
- der besseren Wirksamkeit Ihrer Präsentation
- der Beobachtung von Zuhörer-Reaktionen

Am Ende vieler Sätze gibt es oft Verbformen, die automatisch ergänzt werden, dabei brauchen Sie weniger Konzentration und können aufschauen.

Trainieren Sie:

„Ab jetzt werde ich meine Zuhörer öfters [Blick!] anschauen können.“

„Ich möchte dieses Vorgehen [Blick!] erläutern und ergänzen“.

„Ab sofort werde ich auch meinen Blickkontakt hie und da [Blick] kontrollieren.“

Ab und an werden Sie von Kameras aufgenommen, kontrollieren Sie sich auf alle Details der Rhetorik, vielleicht sogar mit einem Feedbackpartner.

Bleiben Sie immer Sie selbst

Eine der schwierigsten Trainingseinheiten im Schauspielunterricht ist die Mimik. Dort braucht man mehrere Semester, um zu lernen, wie man glaubhaft einen anderen Eindruck als den, der der momentanen Gefühlslage entspricht, vermittelt.

Eine Chance zu dauerhafter Sicherheit

Sie kennen die Reaktion Ihrer Kollegen und Vorgesetzten nach einer Präsentation: Schulterklopfen und „gut gemacht!“ Sie wissen, dass dies oft kein ehrliches Feedback ist und die wenigsten werden Sie auf Ihre Fehler und Unsicherheiten ansprechen.

Machen Sie mit 2-3 Kollegen ein „Gegengeschäft“, das Ergebnis wird ehrlicher und effizienter: Sie bestimmen vorher die Feedback-Ziele und besprechen sie möglichst rasch nach der Präsentation in kleinem Rahmen.

Sie werden bald den positiven Effekt bemerken; vielleicht gewinnen Sie auf diesem Weg auch noch neue - echte - Kolleginnen oder Kollegen.

Und vergessen Sie dabei nicht, einen „Dauerauftrag“ abzuschliessen, denn Sie wissen, bei jeder Präsentation gibt es nur einen einzigen Versuch.

Ihre Mimik

Dazu gibt es nur eine wichtige Regel:

Bleiben Sie sich treu,

denn jede unnatürliche Veränderung Ihres Gesichtsausdruckes gereicht zur Belustigung Ihrer Zuschauer.

Partnerschaftliches Feedback

Jetzt, am Ende des Rhetorikteils, sollten Sie sich folgende Absicherungs-Variante überlegen: Sie wissen nun alles und wollen alles möglichst maximal umsetzen. Sich selbst zu kontrollieren führt meist zu unbefriedigenden Resultaten, da man sich selbst gegenüber oft zu kritisch ist.

Suchen Sie sich 2-3 Kollegen auf ähnlicher Ebene und machen Sie mit ihnen einen Deal:

Feedback gegen Feedback,

sofort nach einer Präsentation, ehrlich, offen, auch wenn es hart wird.

Tragen Sie hier Ihre möglichen „Kandidaten“ ein:

____

____

____

Machen Sie den Deal baldmöglichst!

ideen

es war einmal meine idee.

extrem genial

menschheitsveränderbar

lösung

für alle probleme.

der chef wunderte sich

die vorsitzende erregte sich

der aufsichtsrat lobte mich

die kommission warnte mich

der abgeordnete gratulierte sich

die regierung beeilte sich

sie einzulagern

museumsstr. 1

4.stock

schublade 302

Definitionen: A, B, C-Argumente

Es spielt keine Rolle, ob Sie drei oder neunzig Minuten präsentieren müssen, die Bedingungen sind immer die selben.

Tipps zum Herausfinden, ob es sich um ein A-, B- oder C-Argument handelt:

A-Argumente:

darauf können Sie auf keinen Fall verzichten, diese Argumente sind das absolute Muss: Kernargumente wie Produktmerkmale, Referenzobjekte, Nutzen ...
Versuchen Sie, so viel wie möglich in die Kategorie B zu versetzen, denn in der Kürze liegt der Erfolg.

B-Argumente:

halbwegs wichtige Randinformationen, weiterführende Beispiele, Vergleiche, Wiederholungen, eventuell persönliche Stellungnahme und Ergänzungen.

C-Argumente:

auflockernde Elemente, Historie des Projekts, technische Details, Videosequenzen, Bebilderung (auch Karikaturen), ganz persönliche Details.

Achtung! Gerade diese Einzelheiten bleiben gerne im Gedächtnis, daher auch im Falle der Raffung das beste Detail auswählen.

Vorbereitung einer mündlichen oder schriftlichen Präsentation

Die Planung einer Präsentation dürfen und wollen Sie nicht Ihren Bauchentscheiden oder jemand anderem überlassen. Sie selbst definieren Ihre Ziele klar und professionell. Im Zentrum Ihrer Überlegungen stehen die Hauptargumente:
zuerst sammeln sie alle Varianten, die Ihnen einfallen (Brainstorming ist angesagt!), dann gewichten Sie:

A: Argumente, die kommen **m ü s s e n**
B: Argumente, die kommen **s o l l e n**
C: Argumente, die kommen **k ö n n e n**

Sie kennzeichnen Sie mit „A, B, C“ und verschiedenen Farben, Schrifttypen, Programmen oder Symbolen und sind somit doppelt abgesichert:
Sie haben den klaren Überblick und sind gegen alle Zwangskürzungen gewappnet. Sie entscheiden je nach Zeit, welche Argumente gesetzt werden.

Beschränken Sie die Anzahl der Muss-Argumente auf drei bis fünf (mehr kann man auf Dauer nicht behalten) und lernen Sie sie auswendig. Sie werden sicherer und finden einen besseren Zusammenhalt im Ablauf.

➢ Notizzettel für die A,B,C-Argumente:

A:

B:

C:

„Wackel"argumente so kennzeichnen:

Nutzen ⇨ evtl.B

Bevor Sie nach rechts übertragen, stellen Sie die innere Ordnung auf der linken Seite her. (1→5)

➤ **Training zu den 3-Stufen-Argumenten:**

Wählen Sie ein Thema, in dem Sie sich sicher fühlen und notieren Sie die Dreier-Variante (vorbereitender Notizzettel links); definitive Argumentationen:

Thema: ____________________

A (muss): 1. ____________________

2. ____________________

3. ____________________

(4.) ____________________

(5.) ____________________

B (soll): 1. ____________________

2. ____________________

3. ____________________

4. ____________________

5. ____________________

C (kann): 1. ____________________

2. ____________________

3. ____________________

4. ____________________

5. ____________________

Bei einem neuen Produkt gilt für die A-Argumente ausnahmsweise die Unterteilung in 5 Punkte, sonst lieber weniger

Die Spektrumsanalyse

„E T H O S“ ist eine Spektrumsanalyse, die einerseits dem Kunden einen Gesamteindruck des neuen Produktes vermittelt und andererseits der betriebsinternen Überzeugung dient.

E - Preis, Nutzen, Umsatz, Sie listen alle ersten Details auf

T - Stand der Technik, ihre Leistungsvarianten, ihre Schwierigkeiten

H - Vorteile für den Kunden, betriebsinterne, menschliche Varianten

O - wer tut was? und wie? und wann?
Ein klarer betriebsinterner Ablauf

S - welche Erfolgsaussichten gibt es vom eigenen Unternehmen bis hin zu weltweiten Interessen?

Ergänzungen und Gedanken zu Verbesserungen Ihrer Taktiken:

E: ________________________________

T: ________________________________

H: ________________________________

O: ________________________________

S: ________________________________

Special: Vorbereitung auf ein neues Produkt

Auch hier gilt die A, B, C-Variante; Sie sollten wegen der Vollständigkeit in jeder Rubrik diese 5 Unterteilungen ETHOS durchdenken.

E = **e**conomic = wirtschaftliche Gesichtspunkte

T = **t**echnical = die technische Machbarkeit

H = **h**uman = der Profit für den Menschen

O = **o**rganizational = interne Entscheidungsschritte

S = **s**ocial = die Akzeptanz des neuen Produkts

Sie haben Lust auf ein kurzes Planspiel für eines Ihrer Produkte? Testen Sie sich:

Produkt: ______________________________

E (economic) ______________________________

____

T (technical) ______________________________

____

H (human) ______________________________

____

O (organizational) ______________________________

____

S (social) ______________________________

____

Die andere Seite

➤ Machen Sie aus der Theorie auf der rechten Seite einen praktischen Durchlauf mit einer Ihrer Präsentationen, es ist dabei egal, ob sie bereits gehalten wurde oder noch vor Ihnen liegt: „Springen Sie gedanklich ins andere Lager!“

a) Zusammensetzung der anderen Seite:

____

____

b) deren Kompetenzen:

____

____

c) Erwartungen:

____

____

d) Vorkenntnisse:

____

____

e) deren Verhältnis zu meiner Person:

____

____

f) alte Gemeinsamkeiten:

____

____

„Make up 1“

Nun haben Sie die Kernaussagen bereit zur Formulierung.

Bevor Sie loslegen mit Schreiben, sollten Sie noch einige Ziele und „Verschönerungen“ vorbereiten.

Wen wollen Sie mit Ihrer Präsentation erreichen?

Sie versuchen gedanklich, Ihre Zuhörer zu analysieren:

a) Wie setzt sich die andere Seite zusammen?

b) Welche Kompetenzen haben sie?
(Namen, Ressorts, Funktionen, Entscheidungsmöglichkeiten)

c) Was wird von Ihrem Vortrag erwartet?
(Nutzen, Merkmale, Stärken, Schwächen, Mitbewerber)

d) Welche Vorkenntnisse sind vorhanden?
(Fachkenntnisse, Zusammenhänge, erwartete Kritik, Konflike)

e) Wie steht die andere Seite zu Ihnen?
(emotional, Gemeinsames, Bekanntheitsgrad, besondere Aufmerksamkeiten / Erfahrungen)

f) Gibt es alte Gemeinsamkeiten und Beziehungen, auf denen Sie aufbauen können?

Der fulminante Einstieg

Jeder, der präsentiert, steht in ständiger - unbewusster - Konkurrenz zum Fernsehen, also müssen Sie die Mittel der Mattscheibe in Betracht ziehen! Dort steigen die Einschaltquote und die Verweildauer, wenn am Anfang etwas Fulminantes passiert. Überlegen Sie sich, ob und wo ein Einstieg der besonderen Art gut und denkbar ist; er kann missverstanden werden, wenn er aber gelingt, haben Sie maximale Aufmerksamkeit und man wird noch lange über Sie und das Produkt reden. Beispiele:

- Sie sind mit den Resultaten der letzten Sitzung nicht einverstanden: machen Sie mit einem Locher aus dem Protokoll Konfetti, verstreuen es und bieten gleichzeitig eine neue Lösung an.
- Einführung eines Massenprodukts: Sie verteilen ein Konkurrenzmodell und erläutern daran die Vorteile Ihres Produktes.
- Demonstration schlechten Kommunikationsstils: nach einer kurzen Begrüssung setzen Sie sich kommentarlos 30 Sekunden mit dem Rücken zum Publikum; drehen sich dann um und fragen nach besseren Methoden.

Bei fulminantem Einstieg müssen Sie immer sofort eine positive Variante bieten.

„Make up 2"

Jetzt wissen Sie viel über Ihr Gegenüber. Sie benutzen und berücksichtigen psychologische Erkenntnisse in allen weiteren Schritten. Danach sollten Sie sich vor jeder Präsentation etliche Gedanken über die sachlichen Argumentationsziele machen.

- wie wecke ich ihr Interesse?
  Einstieg traditionell oder fulminant,
  Erinnerung an alte Beziehungen
  gemeinsame Erfolge, persönliche Erlebnisse
- auf welcher Ebene informiere ich am besten?
- rein sachlich, persönlich, locker, wieviele Emotionen brauchen sie?
- welche Einwände können kommen?
- welches ist mein Minimal-Ziel?
- welche Entscheidungen müssen getroffen werden?

Oft vergessen und unterschätzt:

- wie fördere ich meinen zukünftigen Sympathiewert?
  Image verbessern, Beziehungen vertiefen, persönliche Kompetenzen aufbauen

Die Bedeutung des Schlusses

Die brutalen Formeln:

- gute Rede, schlechter Schluss = mässige Präsentation
- schlechte Rede, guter Schluss = ebenfalls mässige Präsentation

➢ Trainieren Sie die Spannungsbögen von der Einleitung bis zum Schluss:

Thema:

Einleitung: ____________________

⬇

Schluss: ____________________

Thema:

Einleitung: ____________________

⬇

Schluss: ____________________

Thema:

Einleitung: ____________________

⬇

Schluss: ____________________

“Make up 3”:

Verschwenden Sie ruhig etliche Gedanken an den Schluss, er bleibt, wenn er gut ist, länger haften. Psychologen bestätigen, dass sich nur fünf Vorgänge einer Präsentation im Langzeitgedächtnis einnisten:

- die Einleitung
- 3 Kernargumente
- der Schluss

Profitieren Sie von dieser Erkenntnis und riskieren Sie auch einmal etwas Ungewöhnlicheres als „Ich danke Ihnen für Ihre Aufmerksamkeit“. Das hört sowieso niemand mehr und vertiefen kann es schon gar nicht. Ähnlich: „Meine sehr verehrten Damen und Herren“ während der Präsentation.

Vielleicht spannen Sie mit etwas Mut den fulminanten Bogen der Einleitung in den Schluss weiter; das Publikum wird es Ihnen danken und Sie verlassen mit weitaus positiveren Gefühlen die Arena.

Ideen für Schlüsse: Anekdoten, persönliche Erlebnisse, aktuelle Ereignisse, Zitate, Humor (keine Witze!), Karikaturen, Statistiken (kurz und einfach), Wünsche

deutsch oder englisch?

Im Zeitalter der Globalisierung scheint die Entwicklung der Wirtschaftssprache hin zum Englischen zu gehen. Dennoch sollten Sie sich zumindest in Mitteleuropa die Frage stellen, inwieweit Sie Ihr Deutsch dem Englischen anpassen.

> Problemkreis „Fachbegriffe“: klären Sie vorher ab, ob alle im Raum mit allen Begriffen vertraut sind, beobachten Sie die Teilnehmer (Augenkontakt!), ob sie Schwierigkeiten signalisieren. Wenn ja, keine Hemmungen zur Rückfrage und Erklärung.

> Problemkreis „Mode-Englisch“: manchmal gibt es Redner, die englisch sprechen, um sich wichtig zu machen, vielleicht um anderen zu zeigen, dass sie „just back from the States“ sind. Das Publikum erkennt schnell eine solch zweifelhafte Motivation und wird innerlich darüber grinsen.

Ähnliches gilt für Lateiner, die demonstrieren wollen, dass sie das Grosse Latinum haben: errare humanum est!

Glänzen Sie lieber mit phantasievollem, gekonntem Deutsch.

„Make up 4“: Festlegung des Sprachniveaus

In der Regel ist Ihre Präsentation überwiegend sachlich. Doch Sie wissen selbst, dass „Nur-Sachlichkeit“ schnell zu Langeweile führen kann. Heutzutage werden Sie an eigentlich sachlichen Beispielen im Journalismus der Medien gemessen, wo viel Zeit auf sprachliche Highlights verwendet wird. Planen Sie solche kreativen Momente, die Ihnen und dem Publikum mehr Freude und Niveau bringen. 2 Beispiele

Welt**W**eites **W**arten

Menschen - **M**ärkte - **M**obilität

Ihre eigenen Alliterationen:______________________________

____

Positive Formulierungen in negativer und positiver Wirkung:

- : Bald wird es vielleicht besser

+ : Ich sehe Licht am Ende des Tunnels!

- : Leider müssen wir da durch!

+ : Lasst uns in den sauren Apfel beissen!

-: So kann es nicht weitergehen!

+: Lasst uns über künftige Veränderungen nachdenken

bildschirmkontraste

wenn das pull-down-menü
die world-perfect-datei
in der hilfsfunktion blockiert,
wenn geschützte leerzeichen
den zentrierten tabulator
und den tragegriff hochstellen,
wenn das anwenderwörterbuch
im schnelleingabemodus
den schreibschutzschieber speichert,

dann sehne ich mich nach erica - ohne alles,
meine mechanische schreibmaschine aus der
studentenzeit

ja... äääh... ich... äääh... was... ja...
...eben... wie gesagt... ich... äääh...
... er... äääh... sagt... äääh...

Die Psychologie beim Schreiben

Grundsätzlich denken und planen Sie in diesen drei Ebenen der Argumentation voraus.

- sachlich komplett
- perfekt in Sprache und Ausführung
- psychologisch raffiniert aufbereitet

Ein übersehenes oder schlecht eingeschätztes Argument macht Ihren Gegner stark. In der Regel gewinnen bei Sachauseinandersetzungen diejenigen, die die besseren Argumente „geschickt verpackt“ mitbringen.

Psychologische Mittel sind wichtig, verbinden Sie mit Rationalem: Bilder

Emotionen

Hoffnungen, Ängste

Moral und gesellschaftliche Normen

Es gilt wie damals in Ihrem Schulaufsatz: jedes Argument braucht mindestens 1 Beispiel, um sich „setzen“ zu können; dann greifen psychologische Mittel. Gut sind auch Erinnerungen, Vergleiche, Stories.

Das Verfassen Ihrer Präsentation

Es folgen Regeln und Bausteine, die Sie beim Schreiben befolgen sollten. Markieren Sie das Ihnen Wichtige und Neue, vergleichen Sie mit Ihrer bisherigen Vorgehensweise und setzen Sie es um.

- **die Qualität Ihrer Argumente**

  Sie folgt der uralten Formel:

> **Argument = These = Beweismittel,**
>
> **wer behauptet, ist beweispflichtig!**

Eine gebräuchliche Hierarchie des Aufbaus eines Argumentes:

Fakten, Zahlen, Untersuchungen

↓

Expertisen, Referenzen, Presseberichte

↓

Nutzen des Vorschlags

↓

Eigene Erfahrungen, gesunder Menschenverstand

Dazwischen bleibt genügend Platz für Ausschmückungen und psychologische Effekte

Wechsel von Blickwinkeln

Imitieren Sie gedanklich das Versetzen in eine andere Rolle, das Schauspielschüler lernen: zum einen der Blickwinkel aus dem Gegenpart (Rollentausch), zum andern die ständige Kontrolle aus der Sicht des Publikums. Wenn Sie dieses Gedankenspiel mehrfach trainiert haben, wird es automatisiert und Sie werden dank ständiger Selbstkontrolle sicherer und überzeugender.

Nur wer die eigene Wirkung im Voraus erkennt, plant und umsetzt, wirkt und wird selbstsicher.

Alles das haben Sie sicher noch in Erinnerung aus Ihrer Schulzeit. Es gibt immer noch keine bessere Variante, das menschliche Gehirn bei komplexen Vorgängen zu klarer Reihenfolge zu bewegen.

Computer in Ehren, aber zum Sammeln, Ordnen und Ergänzen von Argumenten und Beispielen ist ein handbetriebener Bleistift effektiver, weil schneller und variantenreicher. Erst beim definitiven Tippen sollten Sie die Elektronik einschalten.

Zur Erinnerung: jetzt ist der Moment gekommen, die Gewichtung in A, B, C-Argumente vorzunehmen. Lassen Sie Ihre Programme glänzen.

- **Bereiten Sie sich besser vor als Ihr Gegenüber**

„Springen“ Sie gedanklich in dic Rollc der Gegenseite und planen Sie wie ein General im Sandkasten die möglichen Reaktionen des „Gegners“.

Sie sehen, hören und spüren die Einwände, die Vorwände, die schrägen und die guten Gegenargumente. Vielleicht legen Sie sich sogar eine zusätzliche Liste an:

mögliche Gegenargumente   meine Reaktionen

Mit dieser simplen Methode werden Sie nicht nur beim Schreiben sicherer, beim Vortragen und einer Diskussion sind Sie schwer zu überraschen.

- **Arbeiten Sie konsequent nach Plan**

Sie haben einen Notizzettel und eventuell ein zweites Blatt zum Notieren von Gedanken, die Sie den Notizen zuordnen. Daraus entsteht die Gliederung, die Sie ohne Wenn und Aber einhalten! Sonst gibt es Konfusion, unlogische Zusammenhänge oder peinliches Vergessen.

Einleitung 5%: normal oder fulminant

Hauptteil 90%: klar gegliederte Argumente

Schluss 5%: normal oder fulminant

Zeit bewirkt Sympathie

Zu viele Argumente - gesprochen oder geschrieben - senken Ihren Sympathiewert! Ausserdem klauen Sie den Zuhörern und Lesern ihre wertvolle Zeit - und wer mit Ihnen Böses vorhat, findet in der Überlänge die erste Angriffsfläche.

Jedes Argument unter 60 Sekunden

Diese fünf Sätze genügen in der Regel, um ein Problem zielgerichtet und zeitsparend abzuhandeln. Sie sind Ihr gedanklicher Bauplan, mit dem Sie den roten Faden behalten und Denkblockaden vermeiden. Nach genügender Übung können Sie schnell Schwachstellen bei Ihrem Gegenüber ausloten.

Gebrauchsanweisung:

- die 5 Punkte auswendig lernen
- in 3 Beispielen mit eigener Problemstellung schriftlich ausprobieren

Bestimmen Sie zuerst das Ziel (= 5. Punkt) und rollen Sie dann von hinten auf, Sie werden dadurch konkreter und wahrscheinlich auch kürzer.

- **Weniger ist mehr**

Nicht nur Perfektionisten neigen zu überlangen Texten, in unserem mitteleuropäischen Erziehungssystem ist Länge etwas Positives, erst im richtigen Leben wird sie zum Problem. Und daher ist dieses Kapitel schon beendet.

- **Die Fünfsatztechnik**

Diese Technik kann viel zur Kürze beitragen:

Sicher und überzeugend argumentieren Sie grosse und kleine Probleme mit diesem Schema in 5 Sätzen:

1. das Problem
2. das Argument
3. die Veranschaulichung
4. die Konsequenz
5. der Appell

Damit kriegen Sie jedes Problem in den Griff und können blitzartig reagieren. So können Sie z.B. Medienfragen nicht mehr überraschen.

Zusatznutzen der Fünfsatztechnik:

Sie können damit in Diskussionen Unsicherheiten und Fehlerquellen bei Ihrem Gesprächspartner feststellen und ganz schnell reagieren.

Testen Sie sie; nach dem ersten Überraschungscoup werden Sie sie mit Vorliebe anwenden.

Muster zu einer Problemstellung, die Sie auf der rechten Seite ausprobieren können. Wenn Sie Ihr Training geheim halten wollen, benutzen Sie ein separates Blatt.

1. das Problem:	wir sind eine moderne Firma, aber wir haben ein altes Firmenlogo,
2. das Argument:	es ist nicht mehr zeitgemäss
3. die Veranschaulichung:	seit 28 Jahren benutzen wir es, es sieht ältlich und angestaubt aus; manche schämen sich schon dafür
4. die Konsequenz:	wir brauchen baldmöglichst ein neues
5. der Appell:	Mittel bereitstellen für ein neues Logo

Für längere, umfassende schriftlich verfasste Probleme:

1. Lage-Analyse
2. Ursachen-Analyse
3. Ziel-Bestimmung
4. Lösungsvorschläge
5. Appell, Ziel(e)

Probieren Sie jetzt Ihre erste Anwendung:

1. das Problem: ______________________________

____

2. das Argument: ______________________________

____

3. die Veranschaulichung: ______________________________

____

4. die Konsequenz: ______________________________

____

5. der Appell: ______________________________

____

Wer sucht, der findet

Sie sitzen in allen Ebenen und Ecken des Betriebs: die eine Kategorie von Menschen, die wie Kakerlaken den Schmutz zum Leben braucht, die andere, die Macht aus schrägen Aktionen gewinnen will. Beide sind schwer zu erkennen, da vieles im Dunkel der Intrige geschieht, selten wird der direkte Kontakt gesucht. In dieser dunklen Ebene werden mehr Meinungen über Menschen geschmiedet, als man normalerweise annimmt, hier wird über berufliche Qualitäten gerichtet, hier wird der Sympathiewert eines Menschen gehandelt. In allen Fällen: Vorsicht vor diesen Machenschaften! Sie können Ihnen nur mit hoher Aufmerksamkeit und ständiger Bereitschaft zum Erkennen und Kontern begegnen. Und ja nicht aus falsch verstandener Kumpanei die gleiche Ebene benutzen. Sie würden schamlos benutzt und ausgenutzt. Bleiben Sie unbeeindruckt und demonstrieren Sie Ihre klare Linie vertrauensvoller Direktheit im Umgang mit Menschen.

Nicht zum Notieren (zu gefährlich): identifizieren Sie solche Leute. Und fahren Sie bei denen ab sofort alle Ihre Antennen auf höchste Alarmstufe, wenn Sie mit diesen Personen in Kontakt kommen. Beobachten Sie und reagieren Sie rational.

Unfaire Taktiken und Killerphrasen

Tag für Tag sorgen sie für unnötigen und vermeidbaren Ärger: die unfairen Praktiken einiger Mitarbeiter, die sich nicht auf ein sachliches Argument beschränken wollen oder können. Das gemeinsame Kennzeichen: sie wollen nicht eine Sache vorantreiben, sie wollen ablenken, emotionalisieren, verunsichern, vielleicht sogar auf diesem Wege Vorteile für sich selbst rausholen. In Verhandlungen blockieren sie, oft aus Prinzip. Ein solches Vorgehen kostet Zeit, viel Zeit, doch es scheint unvermeidlich menschlich zu sein, also müssen Sie erkennen und adäquat reagieren.

Bleiben Sie im Folgenden hart zu sich selbst und lernen Sie alle unfairen Taktiken kennen, es lohnt sich, denn, einmal mental verarbeitet, werden Sie kaum mehr überrascht. Markieren Sie sich „Ihre“ neuen Erkenntnisse in diesem dunklen Kapitel.

Tatsachen werden bestritten

etwa: *„Wir haben total andere Infos.“*

„Was Sie da sagen, stimmt nicht.“

Ziel: man will Sie als unglaubwürdig hinstellen, verwirren und wartet auf ungeplante emotionale Reaktionen.

Es gibt tausende solcher unfairer Praktiken. Notieren Sie eigene Erfahrungen, Ihre Reaktionen damals, und was Sie heute anders machen würden:

Killersatz: ____

damalige Reaktion: _____________________________________

heutige Reaktion: _____________________________________

Killersatz: ____

damalige Reaktion: _____________________________________

heutige Reaktion: _____________________________________

Killersatz: ____

damalige Reaktion: _____________________________________

heutige Reaktion: _____________________________________

Und Sie? Sind Sie sicher, dass Ihnen hie und da - bewusst oder unbewusst - nicht auch mal ein Killersatz rausrutscht!?

persönliche Meinungen werden Tatsachen:

etwa: *„Ich kann mit Sicherheit sagen, ...“*

„Für uns liegt der Fall klar...“

Ziel: Ablenken von fehlenden Argumenten; solche Floskeln bieten keine Inhalte mehr.

Bestreiten von Fachkompetenz:

etwa: *„Sind Sie dazu überhaupt ausgebildet?“*

„Haben Sie genügend Erfahrung?“

Ziel: provozieren, persönliche Attacken zur scheinbar besseren Selbstdarstellung

Übertreibungen:

etwa: *„Wenn das alle so machen.“*

„Heute macht das niemand mehr so.“

Ziel: Versuch, einen guten Vorschlag mit inhaltslosen Übersteigerungen zu boykottieren.

die totale Emotionalisierung:

etwa in Killerphrasen: *„Völliger Blödsinn, Ihre Idee!“*

unlautere Motive: *„Sie müssen wohl immer besser sein?“*

Beleidigungen: *„Sie sind der grösste Menschenschinder!“*

Ihre Reaktionen

Wahrscheinlich sind Sie erst einmal überrascht oder Sie erregen sich über diese unfaire Art; wenn Sie selbst unfair reagieren, beginnt die Schlacht unter der Gürtellinie erst richtig. Also: Zwang zur Sachlichkeit.

Falls Sie merken, dass Sie selbst oder die Situation über-emotionalisiert ist: vertagen Sie die Angelegenheit („1x drüber schlafen") auf einen baldigen Termin. Es ist nichts Gefährliches dabei, dem Gegenüber klarzumachen, dass eine Fortsetzung des Gesprächs unter diesen Umständen nicht nur nichts bringt, sondern sogar durch Überreaktionen ausufern könnte.

Ihre grundsätzliche Fragetechnik

- Sie fragen knapp

  umständliche Frageformen verwirren und werden als unhöflich oder inkonsequent empfunden.

- Sie fragen präzise

  genaue Fragen ergeben genaue Antworten

- Sie fragen fair

  ohne Hintergedanken oder Fallen

Die Abwehrstrategien gegen Killerphrasen

erst: Ruhe, erzwungene Gelassenheit, Selbstdisziplin, damit Zeit zum Verpuffen und Überlegen entsteht

dann: sofort und in jedem Fall zurück zum sachbezogenen Dialog und gelassen Fakten und Beweismittel wiederholen, Entscheidendes sachlich nochmals aufrollen, zur Not ein zweites und drittes Mal

In ganz renitenten Fällen: auf Unsachlichkeit oder unfaire Praktiken aufmerksam machen und zur Rückkehr zur Sachlichkeit bitten. Und wenn all das nicht hilft: neuen Termin suchen oder nicht mehr darauf reagieren

Die Fragetechnik:

Mit ungeschickt gestellten Fragen (weil nicht informiert), können Sie schnell selbst etwas unfair werden, obwohl Sie es gar nicht beabsichtigen.

Warnung vor diesen 3 Fragevarianten:

- die Einschätzungsfrage kann kritische Reaktionen bewirken, weil sie in die Persönlichkeit geht

- Sie fragen verständlich

  Werfen Sie alle Verschachtelungen und unnötigen Fremdwörter über Bord!

- Stellen Sie jeweils nur eine Frage

  „Können Sie mir sagen, wie die Abteilungen A, B und C jeweils die Aufträge in den nächsten Wochen nach Italien und Belgien erledigen werden?" Die Aussichtslosigkeit auf klare Antworten können Sie sich vorstellen, Ihr Partner müsste jetzt Dutzende von Antworten liefern.

- Binden Sie die Frage in ein kurzes Statement ein

  Die Antwort wird komplexer.

  etwa: *„Abteilung X hat das Versandproblem gelöst. Wie sehen Sie es für Ihre Abteilung?"*

- Versetzen Sie sich in die Welt des Gefragten

  Ein Fliessbandarbeiter erwartet einfachere Fragen als Ihre Chefin.

- „Wer fragt, der führt!"

  altes chinesisches und nach wie vor gültiges Sprichwort

etwa: *„Sollen Frauen in den Verwaltungsrat“?*

„Können wir das der Abteilung X zutrauen?“

- die Suggestivfrage bewirkt im ersten Moment einen Konsens der Meinungen, da aber keine Antwort erwartet wird, gibt es auch keine echte Übereinstimmung. Gemein wird es dann, wenn der Fragende später behauptet, dass ja alle der selben Meinung waren.

etwa: *„Sie sind sicher auch dieser Meinung?“*

„Wir wollen doch alle dasselbe?“

- die Nicht-Frage nähert sich oft einem persönlichen Tick; oft wird in Kürzestabständen und schematisch

„okay?“

„gut?“

„alles klar?“

gefragt und nicht nur keine Reaktion, sondern überhaupt keine Zeit zum Antworten zugelassen. Spätestens beim sechsten Mal hat Ihr Gegenüber die Nichtbedeutung dieser unmöglichen Floskeln erkannt und reagiert im günstigsten Fall mit einem genau so unverbindlichen Kopfnicken.

Zur Wiederholung: die gebräuchlichsten Fragevarianten:

- W-Fragen: wer? wozu? womit?

  Die häufigsten Fragen zur Definition von Problemen, für Checklisten, zum Sammeln von Infos, zu Strukturieren.

  Achtung: „warum?“ ist zumindest im Verkaufsgespräch tabu, Sie können damit einen potentiellen Käufer abschrecken.

  etwa: *„Ich möchte dieses Modell kaufen.“* -*„Warum?“*

  (Besser: die Vorzüge schildern)

- Entscheidungsfragen bei verschiedenen Lösungen

  etwa: *„Wollen Sie das kleine oder das grosse Modell?“*

- Ja-Fragen für eine klare Ja-Antwort

  etwa: *„Finden Sie dieses Modell besser?“*

- Kontrollfragen zum besseren Verständnis

  etwa: *„Habe ich mich verständlich machen können?“*

  unbedingt: eine Antwort abwarten!

- Weiterführende Frage um Konsequenzen aufzuzeichnen

  etwa: *Welche finanziellen Folgen hat der Zusatz?“*

Und Sie? Zu welcher Nicht-Frage neigen Sie? „Alles okay?“ oder nur ein scheinbar unbedeutendes „Hm?“

Testen Sie sich selbst, notieren Sie jetzt Ihre Nicht-Frage(n) hier:

____

____

____

Streichen Sie sie genüsslich für alle Ewigkeit 3x durch und kontrollieren Sie schon beim nächsten Gespräch, ob sie verschwunden sind. Okay? Gut? Alles klar?

chefentscheidungen

büromöbel für 2 millionen:
stimme ich dafür.

computersystem für 4 millionen
kann ich vertreten.

fliessband für 9 millionen:
sehe ich klar.

transporter für 11 millionen:
finde ich gut.

fabrikhalle für 40 millionen:
sage ich ja.

blumenvase für das schreibbüro:
irgendwo gibt's grenzen.

du schwarz!
ich weiss!

Testen Sie Ihre Smalltalk-Kompetenz:

Nennen Sie je 3 Namen von Mitarbeitern und ihre möglichen Smalltalk-Kompetenzen.

etwa: H.Müller: FC Bayern, Ski, Enkel,

in der betrieblichen Hierarchie unter Ihnen.

_______________: _______________________________________

_______________: _______________________________________

_______________: _______________________________________

in ähnlicher Position wie Sie:

_______________: _______________________________________

_______________: _______________________________________

_______________: _______________________________________

über Ihnen:

_______________: _______________________________________

_______________: _______________________________________

_______________: _______________________________________

Und Ihre liebsten Smalltalk-Themen lauten:

_________________ _________________ _________________

Gespräche führen

Smalltalk

Die meisten Gespräche im Betrieb sind unverbindliche Gedanken über alles andere als das Dienstliche. Unstrukturiert wird über Aktuelles, Familie, Hobbys, Sport, Gesundheit u.v.m. geplaudert. Doch gerade diese scheinbare Unverbindlichkeit verbindet untereinander; Smalltalk hilft, dauerhafte Beziehungen aufzubauen und zu halten.

Sie sollten sich eine „Smalltalk-Kompetenz“ aufbauen, auch wenn dieses Wort schrecklich klingt:

- bei schnellen, zufälligen Begegnungen
- zu Beginn von Sachgesprächen (Ausnahme: Kritikgespräch)
- gegenüber Schlüsselpersonen

Achtung! Witze sind keine Smalltalk-Themen, sie wirken, auch wenn sie Ihnen gut vorkommen, schnell primitiv, selbst, wenn es keine Blondinenwitze sind.

Smalltalk ist sachlich und vermeidet, dass die Gegenseite in Gefahr gerät, länger darüber nachzudenken. Smalltalk soll nach Sekunden mental verpufft sein.

Jedes Gespräch wird vorbereitet

Unvorbereitete Gespräche führen gerne zum Gequatsche, Sie ärgern sich danach über die verlorene Zeit. Nehmen Sie sich vor, selbst für das kürzeste Telefonat zumindest gedanklich vorbereitet zu sein. Dabei sollten Sie sich auch nicht gehen lassen oder etwas Anderes tun, Ihr Partner an der Strippe wird es merken, es Ihnen aber der Konvention wegen nicht sagen können, sondern sich seinen Teil denken und interpretieren. Wie schnell hat man so seinen Ruf, ein überheblicher oder unhöflicher Typ zu sein, und wundert sich, woher das kommt.

Trainingslauf für ein vor Ihnen liegendes Gespräch:

Gesprächspartner: ____________________

Thema: ____________________

Zeitrahmen: ____________________

meine Ziele: ____________________

____

Argumente: ____________________

____

Hilfsmittel: ____________________

Grundsätzliches zu Gesprächen

Gespräche sind Ihr täglich Brot. Sie glauben also, dass Sie alles richtig machen - bei Ihrer Routine! Gerade deshalb ist die Gefahr des Einschleifens von gewissen Ticks gross. Überschlagen Sie daher dieses Kapitel nicht, sichern Sie sich ab!

Jedes Gespräch muss beinhalten:
vorbereitete Ziele
Effizienz in der Sache
Zufriedenheit auf beiden Seiten

Die Vorbereitungsstufen:

die Gesprächsvorbereitung:

Diese Phase erledigen Sie am besten konzentriert und ohne Störungen, denn jetzt entscheiden Sie durch korrekte Planung einen grossen Teil des Gelingens; später können Planungsfehler kaum noch ausgeglichen oder korrigiert werden.

- definieren Sie klar (evtl. schriftlich) die (Minimal-)Ziele
- legen Sie die zu verwendende Zeit fest, auch mit Maximum einer „Verlängerung“

- Einwände: ______________________________

  ____

- Resultate: ______________________________

  ____

Dieser Trainingslauf geht noch weiter: versuchen Sie einen roten Faden in die Argumentation zu bringen, d. h. ein Argument ergibt sich logisch aus dem vorhergehenden.

Argument: ______________________________

↓

Argument: ______________________________

↓

Argument: ______________________________

↓

Argument: ______________________________

↓

Argument: ______________________________

↓

Argument: ______________________________

- notieren Sie sich stichpunktartig die Argumente (Sie erinnern sich an A, B, C!)
- bereiten Sie die Hilfsmittel vor und checken Sie sie durch (Unterlagen für alle, Technik, Beamer...)
- denken Sie vorweg alle möglichen Einwände und schrägen Gegenargumente
- loten Sie Ihre Kompromissbereitschaft aus für Resultate oder Folgevereinbarungen. Sie wissen, dass während des Gesprächs gemachte Kompromisse seltenst alle relevanten Komponenten enthalten.

Regeln der Gesprächsführung:

- Sie argumentieren ausschliesslich fair
- Sie bleiben bei den wesentlichen Argumenten und lassen sich nicht versuchen, auf B- oder gar C-Argumente umzusteigen
- Sie haben sich im Griff und erlauben sich auch bei Zeitdruck Pausen, Rück- und Kontrollfragen
- Sie fassen am Schluss das Gesamtergebnis zusammen, bei längeren Gesprächen auch Teilergebnisse

Signalisieren Sie den bevorstehenden Schluss klar und halten Sie sich daran. Ein überraschendes Ende wirkt dominant und erschreckt manchen Partner, weil er mit Sicherheit am Finale ebenfalls mitwirken will und die Win-Win-Situation braucht.

Drohen Sie nie in den angekündigten Folgeaktivitäten mit „Ergebnissen, die kommen müssen", Sie blockieren den Denkfluss und provozieren faule Kompromisse!

Der Schluss und die Nachbereitung

Sie halten sich im vorgegebenen Zeitplan an einen vorbereiteten Schluss:

- Ihr Abschluss ist freundlich
- Sie benennen die Ergebnisse
- Sie informieren über Folgeaktivitäten

  (evtl. Anhang zu einem Protokoll)
- Sie bedanken sich ehrlich, nicht nebenbei und schematisch. Hierbei ist ein letzter Blickkontakt zu allen besonders wichtig.

Nutzen Sie Mitarbeiter-Kreativität

Jeder Mitarbeiter wartet auf ein regelmässig stattfindendes Gespräch, manche mit gemischten Gefühlen, manche mit dem Drang, Emotionen und Ideen zu platzieren. Halten Sie sich an einen klaren, allen durchschaubaren „Fahrplan" und kalkulieren Sie etwas Zeit; oft liegt darin der Schlüssel zu besserem Arbeitsklima und zu Innovation. Schmettern Sie vorgetragene Ideen nicht mit einem lapidaren Satz nieder, Ihr Mitarbeiter hat sich lange Gedanken darüber gemacht und erwartet ein faires Feedback. Um es in einer Negativformel auszudrücken: „abgewürgte Kreativität führt zu weniger Engagement". "Kramen" Sie in Ihrem Gedächtnis nach Mitarbeiterideen, die Sie nicht entsprechend verfolgt haben, vielleicht honorieren Sie sie jetzt über einen - nie zu späten - Rückkommensantrag!?

Hier Ihre Gedankenstütze:

Name: ______________________________

Idee: ______________________________

Name: ______________________________

Idee: ______________________________

Strukturierte Mitarbeitergespräche

Der regelmässige, notwendige Dialog zwischen dem direkten Vorgesetzten und seinen Mitarbeitern ist in regelmässigen Abständen zwingend:

- Beurteilung der Arbeitsergebnisse
- Sozialverhalten
- künftige Veränderungen
- Verbesserungs- und Entwicklungsvarianten
- Weiterbildung

Diese Ziele haben Sie vorher schriftlich skizziert und modifizieren sie während des Gespräches:

- kurze persönliche Eröffnung, Typ: Smalltalk
- Rückblick mit Aufgabe, Ergebnissen und Zusammenarbeit
- Vorausschau mit Zielen und Veränderungen
- Vereinbarung mit beidseitigen Wünschen, Perspektiven, Förderungen
- positiver Abschluss mit unterschriebenem Protokoll

Ihre sachliche Linie ist gefordert

O la la! Ein Kritikgespräch auf der Agenda kann schon mal Emotionen vorher und nachher wecken. Ihr Mitarbeiter hat sie sicher und oft heftiger, als Sie vermuten, denn Kritik ist das Schlimmste, was einem dienstlich widerfahren kann, also wird man - je nach Charakter und Herkunft - versuchen, Sie zu linken. Nirgendwo sonst wird so viel gelogen, versucht umzubiegen, Sie unsicher zu machen, Scheinargumente zu bringen, Kollegen zu denunzieren. Seien Sie also gewappnet und behalten Sie Ihre sachliche, klare Linie!

Oft ist der letzte Joker bei südländischen Mitarbeitern die Familie. Schrecklichste Krankheiten, mehrfache Todesfälle, bedrohlichste Beziehungen werden zitiert, um den Kopf aus der Schlinge zu ziehen. Fantasien, die im Betriebsalltag integriert, wichtige Synergien lostreten könnten, hier aber ausschliesslich dazu dienen sollen, Scheinprobleme vor das reale Problem zu stellen. Und wenn das Boot schon am Sinken ist, gibt es tatsächlich noch eine innerfamiliäre Steigerung: die Kinder. Sie wollen doch nicht als brutaler, verständnisloser Chef dastehen, wenn einem unschuldigen Wesen durch Sie die Zukunft ruiniert wird, nur weil Sie die Eltern „einsperren", derweil gleichzeitig Masern, Grippe, Schwindsucht und eine Lungenentzündung wüten!?

Kritikgespräche bei Fehlverhalten

Dies ist die schwierigste, unangenehmste und unbeliebteste Form eine Gesprächs. Scheuen Sie sich nicht, diese Seiten besonders zu kennzeichnen („Eselsohr"?), um bei Bedarf nachzuschlagen

Dieses Schema ist verpflichtend, Sie laufen damit am wenigsten Gefahr, etwas falsch zu machen

die Eröffnung:

- persönlich, ohne sich anzubiedern
- sachlich
- in keinem Falle ein Smalltalk

die Fehleranalyse:

- das Problem: von Ihnen detailliertestens vorbereitet, es besteht kein Unsicherheitsfaktor bei Ihnen
- die Stellungnahme des Mitarbeiters: notfalls müssen Sie sich zwingen, die notwendige Zeit dafür aufzubringen
- Verständnis zeigen, ohne über den eigenen Schatten springen zu müssen
- Fehler aufzeigen und nicht mit anderem vermischen

Einziger Tipp: sachlich bleiben und, wenn es schon sein muss, die familiären Probleme danach kurz ansprechen

➤ Ich bin schon mal gelinkt worden mit diesen Schein-argumenten:

- „____"
- „____"
- „____"

Präparieren Sie mit mentalem Training Ihre Gegenreaktionen:

etwa: *„Was kann ich dafür? Meine Frau liegt totsterbenskrank im Bett."*

Sie: ____

„Meine Gedanken drehen sich ausschliesslich um meinen Cousin, der bei einem Verkehrsunfall unschuldig umgekommen ist."

Sie: ____

„Können Sie als Chef nicht verstehen, dass drei kranke Kinder mich psychisch fertig machen?"

Sie: ____

Lösungsversuche:

- gemeinsam suchen, oft kommt schnell ein schon vorgedachter Vorschlag von der anderen Seite
- künftiges Verhalten klar und eindeutig regeln
- positiver Schluss, (Win-Win-Situation) auch wenn es manchmal schwerfällt

Und vergessen Sie nicht:

- sofort Resultat notieren
- in Erregungsphase: abbrechen und auf später verschieben
- keine Ironie, keine Dominanz (*„Na Meier, schon wieder hier?“*)
- im Mittelpunkt steht das Problem, nicht der Mensch
- die Kritik bleibt unter vier Augen, wird von beiden Seiten nicht nach draussen getragen
- versuchen Sie in schwer einzuschätzenden Situationen mit dem bewährten Satz: „Vertrauen bringt mehr als Macht!“

Hilfen zur Leitung

Kennzeichnen Sie die Ihnen unbekannten und „vergessenen“ Tipps zur Diskussionsleitung:

- die ideale Sprechzeit eines Leiters überschreitet nach Möglichkeit nicht 30-40 Sekunden. Bei längerer Dauer haben Teilnehmer das subjektive Empfinden, dass sie eingelullt werden sollen

- Sie erteilen Zwischenresümees, denn bei längeren Diskussionen und bei schwierigen Themen kann jemand schon mal den Faden verlieren

- Sie geben, wenn nötig, Verständnishilfen bei extremen Fachbegriffen, schwierigen Abläufen oder unbekannten Details. Sie merken an den Reaktionen der Teilnehmer (fragende Blicke, unsichere Gestik), wann und wie tief Sie zusätzliche Erklärungen abgeben müssen

- Sie stoppen bewusst und höflich Langzeitredner, verweisen auf die Fünfsatztechnik, die Gleichberechtigung in der Sprechzeit und im Wiederholungsfalle auf die Fairness untereinander

- Sie akzeptieren keinen isolierten Beiträge, die nicht direkt

Die Diskussionsleitung

- Sie eröffnen mit Esprit und einem attraktiven Einleitungsgedanken, vielleicht provozieren Sie sogar ein wenig - umso eher wird Ihnen intensiv zugehört

- Sie formulieren die Themen, grenzen klar ab und lassen keine Abweichungen oder Umleitungen zu

- Sie deklarieren klare Vorgehensweise wie Zeit, Szenario, Pausen, Verpflegung und halten diese exakt ein, darüber werden die Teilnehmer dankbar sein

- Sie haben ständig alle Teilnehmer via Augenkontakt und Kurzspeichern im Griff, wer wieviel und was gesagt hat und wer unbedingt noch etwas sagen sollte oder möchte. Auch hier sind Ihnen die Teilnehmer dankbar, wenn Sie „gerecht" sind

  Sie haben den Mut zur Stille, wenn in kritischen Phasen, im Kollektiv nachgedacht werden kann; dabei kommt meist ein ehrlicheres Resultat zu Stande als beim Darübersprechen

- Sie beenden mit einem alle Seiten berücksichtigenden Schluss-Statement und einem positiven Schluss-Wort und zwingend zum Thema gehören. Es gibt Leute, die jedes Podium benutzen, um oft absurde Gedanken und Erfahrungen auf diesem Wege einzubringen

- Sie wehren im Ansatz unfaire Methoden mit sachlichen Argumenten ab, führen Sie sofort und unmissverständlich zum Thema zurück und lassen sich nicht emotional hochschaukeln
- am liebsten sind den Teilnehmern Diskussionsleiter, die über der Sache stehen, sich gut verkaufen und mit Humor agieren. Tun Sie's!

***

letzte rettung

ich hab kein sachwissen
ich hab keinen durchblick
ich hab kein engagement
ich hab keine führungsqualitäten
ich hab kein selbstbewusstsein
ich hab keine ausstrahlung
ich hab nur noch eine chance:

ich muss chef werden.

ich finde Schafe sind die blödsten aller lebendigen Wesen...
ja, mein Lämmlein...

Haben Sie Humor?

In Umfragen wird häufig daraufhingewiesen, dass Mitarbeiter Humor bei Vorgesetzten unglaublich hoch schätzen:

- nur wer Humor hat, ist eine gute Führungspersönlichkeit
- 9 von 10 Chefs haben keinen Humor, also...(siehe oben)
- gekünsteltes Lachen wird als Beweis einer Unfähigkeit gewertet, die es zu verstecken gilt

Lachen Sie noch? Die Antwort auf „was für ein Humor-Typ bin ich" können nur Sie selbst geben; ein echtes, verbindliches Feedback wird man Ihnen kaum geben. Hier eine kleine Liste mit eigenen Einschätzungsmöglichkeiten:

Kreuzen Sie an:

ja	nein	
O	O	Ich lache tatsächlich manchmal über mich selbst
O	O	Fehlern von anderen begegne ich manchmal mit einem Lächeln und suche danach erst die Sachlichkeit
O	O	Ich kann auch bei anderen über mich lachen,
O	O	In allen meinen Präsentationen baue ich bewusst Stellen zum Freuen oder Lächeln ein

Die Bedeutung des Humors

Dies ist k e i n Humor im Betrieb:

- Witze erzählen
- Bemerkungen unter der Gürtellinie
- lachen über andere
- Fehler anderer durch den Kakao ziehen
- sexistische Bemerkungen
- sich mit fragwürdigen Einwürfen wichtig machen

Humor i s t:

- lachen können über sich selbst, auch bei Fehlern
- lächeln über Anekdoten
- Fünfe auch mal gerade sein lassen
- selbst in wichtigen Entscheidungsprozessen Zeit für ein erfreuendes Beispiel haben
- sich mit anderen wirklich freuen können
- Humor anderer gelten lassen und ihn nicht abklemmen
- gemeinsam Spass (nicht Fun!) haben

O O In Sitzungen mit mir sorge ich dafür, dass manchmal gemeinsam wirklich gelächelt wird

O O Karikaturen in betrieblichen Infos finde ich gut

O O Meine Mitarbeiter wissen, dass ich gerne echt lache

Wenn Sie 6 mal das „ja“ angekreuzt haben, sind Sie absolute Spitze!

***

so könnte es funktionieren

deine kollegen pingeln
dein chef quengelt
deine nachbarn meckern
deine familie nervt
dein gehirn blockiert
deine seele streikt

mensch o mensch
denke global

lächle.

Sie merken, dass Sie gefordert werden in den oft kaschierten Bereichen von echter Akzeptanz anderer und eigener ständiger Kreativität. Es gibt viele Nachschlagebücher für geeignete humorvolle Ergänzungen. Benutzen Sie sie auf die Gefahr hin, dass man Ihre gut gemeinte Absicht als gekünstelt entlarvt. Humor wirkt am besten, wenn er unerwartet, spontan und schnell kommt. Auch das kann man trainieren:

- ja, ich will Humor von mir und anderen zulassen und fördern
- ja, ich werde selbst spontan hie und da positiv-erfreuliche Einwürfe machen
- ja, ich werde mich öfters ganz bewusst freuen

Ansonsten gilt immer noch:

„Humor ist, wenn man trotzdem lacht!“

Männer und die Frauen

Gängige Behauptungen über Frauen im Business:

Notieren Sie Ihre Erfahrungen und Meinungen mit „ja“, „nein“, oder „bedingt“ und fügen Sie Ihre Begründungen dazu.

- „Frauen können von Natur aus weniger leisten“

Sie:________, weil ____________________________________

- „Frauen sind besser für Soziales geeignet“

Sie:________, weil ____________________________________

- „Frauen entscheiden zu viel über das Gefühl“

Sie:________, weil ____________________________________

- „Frauen sind ein guter Integrationsfaktor für ein Team“

Sie:________, weil ____________________________________

- „Frauen neigen zu Intrigen“

Sie:________, weil ____________________________________

- „Frauen sind stressanfälliger als Männer“

Sie:________, weil ____________________________________

... und falls Sie sich als Frau mit dieser Seite provoziert fühlen, drehen Sie den Spiess um und basteln Sie sich einen ähnlichen Fragebogen für Männer!

Frauen

Nur ein geringer Prozentsatz der Frauen schafft es in Europa in die Führungsetagen, in der Schweiz ist der Anteil sogar noch geringer. Daran sind u.a. wahrscheinlich auch traditionelle Rollenverteilungen Schuld; Vielfach wird deutlich – wie Studien zeigen - dass sich (zu) viele Frauen kaschieren, indem sie etliche Attitüden der Männer imitieren:

- Adaption an männliche Kleidung
- gleiche Farbgebung
- ähnliche Ausdrucksweise
- (gespielte) Härte in Entscheidungen
- (antrainierte) tiefere Stimme

Frau ist somit anscheinend häufig Mann geworden zum Preis einer fraglichen Karriere im mannähnlichen Verhalten.

Übriggeblieben in diesem Typus sind vom „Urbild" einer Frau – um das Bild bewusst zu überzeichnen - evtl. noch etwas Schmuck, ein Hauch mehr Parfum, Accessoires oder ein Farbtupfer. Und wenn dann vor der Tür noch ein typisches „männliches Auto" steht, die Hobbys Fussball und Autorennen sind und die Sportarten Extremklettern und Boxen,

scheint die Anpassungsfähigkeit der Frau doch um einiges überspannt zu sein. Dabei ist eine Frau, die Frau geblieben ist, in jedem Betrieb, egal in welcher Etage, häufig wesentlich erfolgreicher. Daher dieser doppelte Appell:

Männer! Lasst Frauen Frauen sein!

Frauen! Bleibt Frauen und vermeidet das Fraumannsein

***

frauenkarriere

abitur mit leichtigkeit
studium mit auszeichnung
karriere mit riesenschritten
heirat mit hubert
kinder mit lebendigkeit
haushalt mit stress

heute ihre grösste freude:

quittengelee mit vanille

Ihre Computerpräsentation sollte so aussehen:

- Sie begrüssen Ihre Zuhörer bei vollem Licht
- Sie stehen stets vor der Technik
- Sie führen kurz ins Thema ein
- Sie definieren klar Anfang und Schluss des Technikeinsatzes mit klaren Folien
- Je kürzer die Präsentation, umso wirkungsvoller, alles über 15 Minuten führt zu Kino-Effekten
- nach wichtigen Charts setzen Sie bewusste Nachdenk- und Verstehenspausen
- Sie geben das Wichtigste als Handout ab, so vermeiden Sie Folienschlachten (jede Folie sollte 60 Sekunden sichtbar sein); ansonsten ist jedes Publikum recht schnell „folienmüde“
- „inszenieren“ Sie Ihre Charts, indem Sie sie ankündigen und erklären. Nur in der Einheit von Technik und Person wird das beste Resultat erwirkt

Andere Kulturkreise - andere Reaktionen auf elektronische Präsentationen (vorher erkundigen)

Powerpoint oder persönlich?

Eine Glaubensfrage für jeden Referenten. Für technische, aktuelle, produktorientierte Präsentationen gilt bedingungslos der Weg über den Bildschirm: qualitativ hochstehende Computereinsätze sind die Visitenkarte Ihres Betriebes; sie kosten etwas (vor allem Zeit), sind unabdingbar und sind an jedem Ort dieser Welt einsetzbar. Der Zeitaufwand eines technischen Einsatzes sollte so kurz wie nötig sein, denn Entscheidungen werden in erster Linie aus emotionalen Beweggründen getroffen, dies umso eher, je weniger sich Ihr Produkt von konkurrierenden Angeboten unterscheidet. Dann entscheidet sogar ganz alleine die Sympathie, d.h. Ihre persönliche Überzeugungskraft, und die hängt wieder ab von Ihrer Persönlichkeit, Ihrem Auftreten und Ihrer Argumentations-Strategie, am wenigsten von der Technik.

Dort aber, wo ein Dialog und der Aufbau einer persönlichen Beziehung erwünscht ist, sollte der Vortragende dominieren und die Technik in die zweite Reihe gesetzt werden. Dies gilt für Seminare, Diskussionen, Besprechungen.

> Wichtig! Auch in Zukunft ist für die Vertrauensbildung die Beziehung von Mensch zu Mensch wichtiger als kühle digitale Computerpräsentationen.

Ein Schnelldurchgang "Medienkunde für die Führungsetage"

Die Medien heute:

- Boulevardisierung

  Cervelat-/Weisswurst-Prominenz, Vordergründiges, schrill, laut, unverbindlich

- Infotainment

  aktuellste News aus Politik, Wirtschaft, Sport, kurzlebig, schematisch, Trends folgend, schnell

- Medien für die Masse

  publikumsnah um jeden Preis, die Einschaltquote entscheidet, dadurch Nivellierung der Medien, austauschbare Programme, sinkendes Niveau

- People-Journalismus in Politik und Wirtschaft

  Homestories, Gefühle, Schwächen, Intimes, Bundeskanzler oder Bundesrat in der Vorabendsoap.

Diese Veränderungen sind in den neunziger Jahren geschehen, der Trend geht in dieser Richtung weiter. Viele Kaderleute und Promis haben begriffen, wie wichtig es ist, in der medialen Wirklichkeit präsent zu sein. Es gibt aber immer noch die „Medienverweigerer", die so tun, als hätte sich nichts geändert,

<u>Kommunikation nach aussen</u>

Und plötzlich sind sie da - die „Journis“. Sie kommen gerne überfallmässig und am liebsten, wenn etwas Katastrophales vorliegt. Spätestens jetzt brauchen Sie das längst überfällige klare Organigramm: <u>wer ist für die Medien zuständig?</u>

<u>Jeder Betrieb braucht einen Medienbeauftragten</u>

Diese Person - in kleineren Betrieben auch Teilzeit - ist

- für die Medienarbeit zuständig.
- rund um die Uhr erreichbar (Handy, Ferien...)
- hat einen Stellvertreter
- kennt die Agenda des Kaders inkl. Privatnummern (Journalisten wollen Top-Leute)
- behandelt Medienanfragen gleich seriös ohne Unterscheidung, egal ob FAZ oder ein Gratisanzeiger
- nimmt sich viel Zeit für Journalisten, auch ausserhalb der Dienstzeit und des Betriebes

sie strengen sich nicht an, komplexe Inhalte einfach und populär darzustellen, sie verstecken sich hinter Floskeln und Worthülsen. Wer eine solche Haltung einnimmt, klinkt sich selbst aus Erfolg und Anerkennung aus.

Die Nivellierung auf einem niederen Niveau führt häufig weg vom Wesentlichen, macht Unwichtiges zum grell aufgemachten Haupt-Thema, bewirkt,

- dass Sachverhalte auf ein Minimum verkürzt werden, bis sie nicht mehr stimmen
- dass die Sprache verhunzt wird
- dass die Privatsphäre hemmungslos verletzt wird
- dass Persönlichkeitsrechte missachtet werden

Information ist heute Ware, mit der man Geld verdienen kann, also wird um Auflagen und Einschaltquoten gekämpft. Jeder will als erster sensationelle Neuigkeiten veröffentlichen und damit die Konkurrenz ausstechen. Stories werden auf die Schnelle „herkreiert", Recherche und journalistische Wertarbeit bleiben auf der Strecke. News-Hascherei und Diffamierungstexte als zunehmend alleinige Philosophie eines eigentlich angesehenen Berufsstandes.

- erfüllt Wünsche blitzartig (Dokumente, Interviewpartner, Drehgenehmigungen)
- kann mediengerecht kommunizieren
- übergibt Grossmedienanlässe wie Fusionen, Produktvorstellungen, Grossbauten an Profiagenturen
- spürt im Voraus, welche Themen interessant und brisant sind oder werden können
- gehört der obersten Führung direkt unterstellt
- wird als Erster vollumfänglich informiert über Protokolle, anstehende Entscheide und wichtige Ereignisse

Sie wissen, wer bei Ihnen für die Kommunikation nach aussen zuständig ist?

Name des Medienbeauftragten: ______________________________

erreichbar dienstlich: ______________________________

privat: ______________________________

diese Person wird regelmässig über alles Wichtige informiert

O von Ihnen

O von allen

SCHLUSS

Trainingslauf: Wie geht man bei Ihnen ganz konkret vor, wenn bekannt wird, dass Ihre Telefonistin ein Verhältnis mit dem Aufsichtsratsvorsitzenden „genutzt“ hat, um über 2 Jahre 650.000 Euro für sich „umzuleiten“.

Ein BLICK/BILD-Reporter ruft gerade an:

Ein letztes Mal

Tragen Sie Ihre grossen und kleinen Verbesserungen und Veränderungen zusammen und machen Sie sich einen Zeitplan zur Umsetzung:

- ich suche mir Feedbackpartner:

  ____

- ich trainiere mental 20 Beispiele zur Fünfsatztechnik
- ich werde besser und länger zuhören
- ich ____
- ich ____
- ich ____
- ich ____
- ich ____
- ich ____
- ich.____

Dieses Buch bewahre ich griffbereit auf an dieser Stelle:

____

Ein letztes Wort

Sie haben es geschafft! Bravo!

Sie wissen mehr, Sie haben Altes abgesichert, Neues erfahren. Jetzt gilt es, dieses Buch zur Seite zu legen, aber nur so weit, dass Sie es schnell wieder finden, denn zur vollständigen Umsetzung in Ihre Berufswelt benötigen Sie noch viel Zeit und Energie. Seien Sie so ehrlich und schlagen Sie hie und da bei Unsicherheiten nach - jeder Autor träumt davon und Ihnen hilft es, noch sicherer zu werden.

Und falls Sie den Wunsch haben, über Kommunikation und Rhetorik ein Seminar besuchen zu wollen: tun Sie es! Denn Feedback und Gruppenerfahrungsaustausch gibt es nur dort, Sie können sich und Ihr Wissen absichern und vertiefen. Auch der umgekehrte Weg ist vorteilhaft.

Praktizieren Sie die uralte Weisheit:

nur wer gut kommuniziert,

lebt wirklich!

St.Gallen, Herbst 2002 Wolf Buchinger

Wolf Buchinger:

- Germanist und Geograf (Uni Saarbrücken)
- langjähriger Radio- und TV-Moderator
- Trainer für Kommunikation, Rhetorik
  und Motivation an diversen (Fach-) Hochschulen
- Dozent der St. Galler Business School für Rhetorik und Kommunikation
- Kleinkünstler mit „KERNBEISSERS“, Chansons und Texte
- Autor weiterer Bücher: Lyrik, Romane, Kurzgeschichten
- lebt in Goldach/Schweiz
- freut sich auf Ihre Reaktionen:
  inga.buchinger@bluewin.ch